EuroComRom:

Historische Grundlagen der romanischen Interkomprehension

Editiones EuroCom

herausgegeben von

Horst Günter Klein, Franz-Joseph Meißner,
Tilbert Dídac Stegmann und Lew N. Zybatow

Vol. 10

Horst G. Klein & Christina Reissner

EuroComRom :

Historische Grundlagen der romanischen Interkomprehension

2., korrigierte Auflage

Shaker Verlag · Aachen 2003

Die Deutsche Bibliothek - CIP-Einheitsaufnahme

EuroComRom – Historische Grundlagen der romanischen Interkomprehension / Horst G. Klein – Christina Reissner.
2., korrigierte Aufl. - Aachen: Shaker, 2003
  (Editiones EuroCom, Bd. 10)
  ISBN 3-8322-0100-9
NE: Reissner, Christina; Editiones EuroCom / 10

Die Methode EuroCom erhielt 1999
vom Bundesminister für Wissenschaft und Verkehr
in Österreich das EUROPASIEGEL für innovative Sprachenprojekte

© Horst G. Klein, Frankfurt am Main 2003;
Alle Rechte vorbehalten.

EuroCom® ist geschütztes Markenzeichen.
Information über EuroCom in 12 Sprachen im Internet unter
www.eurocomresearch.net und www.eurocomcenter.com

Printed in Germany

ISBN 3-8322-0100-9
ISSN 1439-7005

Dieses Buch liegt auch als Volltext-Datei auf der Homepage des Shaker Verlags zum Download bereit.

Shaker Verlag GmbH · Postfach 1290 · 52013 Aachen
Telefon: 02407 / 9596-0 · Fax: 02407 / 9596-9
Internet: www.shaker.de · e-mail: info@shaker.de

Inhalt

	Verzeichnis der Transkriptionen und Abkürzungen	13
	Vorwort	15
	1.Teil Areale und soziolinguistische Aspekte	17
1	Einführung	17
1.1	Romanische Interkomprehension	17
1.2	Von der Interkomprehension zur EuroComprehension	19
1.3	Romanische Sprachproben	20
2	Die Verbreitung des Lateinischen	27
2.1	Die multilinguale Apenninenhalbinsel	27
2.2	Die sprachkoloniale Ausbreitung des Lateinischen	30
2.3	Ziel systemlinguistischer Beschreibung des VLT	32
3	Die Entstehungsphase der romanischen Sprachen	32
3.1	Die Genese der protoromanischen Varietäten	32
3.2	Die Quellen des gesprochenen Latein	33
3.2.1	Texte aus Lustspielen und Satiren	34
3.2.2	Zielgruppenorientierte Fachliteratur	34
3.2.3	Private Korrespondenzen	34
3.2.4	Reden und an das Volk gerichtete Ansprachen	35
3.2.5	Inschriften	35
3.2.6	Personennamen	36
3.2.7	Bemerkungen römischer Schriftsteller	36
3.2.8	Ausarbeitungen von Grammatikern	36
3.2.9	Schriften zur Ausbreitung des Christentums	37
3.2.10	Glossenliteratur	37
3.2.11	Die modernen romanischen Sprachen	38
3.3	Das Nebeneinander mehrerer Sprachen	39
3.4	Das Nebeneinander aus soziosemantischer Sicht	41
3.5	Aspekte romanistischer Terminologie	45
4	Vulgärlatein – Ein Fall von Kreolisierung?	50
4.1	Meinungsstand	50
4.2	Sprachliches Kontinuum und Interkomprehension	51

5	Genese und Struktur einer Kreolsprache: Frankomauritianisch	52
5.1	Wirtschaftsdaten – Parameter der Sprachentwicklung	54
5.2	Bevölkerungsdaten – Die Sprecher	54
5.3	Sprachenverteilung und Genese des Kreolischen	55
5.4	Entwicklung und Wandel vom Französischen zum Frankomauritianischen	58
6	Das antike Rom im 1. Jahrhundert	64
6.1	Die Sozialdaten im antiken Rom	64
6.2	Momentaufnahme der Sozialdaten	66
6.3	Sprachliche Einflüsse	67
7	Die Romanisierung einer Provinz: Dakien	70
7.1	Voraussetzungssituation für den Sprachwandel	71
7.2	Lexikalische Indizien für den Sprachwandel	73
	2. Teil: Systemlinguistische Beschreibung	79
8	Das klassische Vokalsystem	80
8.1	Zur Aussprache des klassischen Latein	80
8.2	Vokale unter dem Hauptton	81
8.3	Der «Quantitätenkollaps»	82
9	Vulgärlateinische Vokalsysteme	84
9.1	Das vulgärlateinische System	84
9.2	Das archaische System	85
9.3	Das sizilianische System	86
9.4	Das Kompromiss-System	86
9.5	Abweichungen von der Tendenz der Systeme	87
9.6	Nebentonvokale	88
10	Spezifische Charakteristika der Ost- und Westromania	90
10.1	Das Merkmal des auslautenden –s	91
10.2	Das Merkmal der Sonorisierung	94
10.3	Das Merkmal der Palatisierung	95
10.4	Der Mitteltonvokal	97
10.5	Weitere regionale Differenzierungen in der Romania	97
11	Die sogenannten Lautgesetze	99
11.1	Komplexität der Ableitungen	100

11.2	Abweichungen von Lautentwicklungen	101
11.3	Westromanische Lautentwicklungen	102
11.3.1	Typische portugiesische Lautentwicklungen	103
11.3.2	Typische spanische Lautentwicklungen	105
11.3.3	Typische katalanische Lautentwicklungen	108
11.3.4	Typische französische Lautentwicklungen	110
11.4	Ostromanische Lautentwicklungen	112
11.4.1	Typische italienische Lautentwicklungen	112
11.4.2	Typische rumänische Lautentwicklungen	114
12	Lautliche Abweichungen in der Appendix Probi	116
13	Typische lexikalische Veränderungen	124
13.1	Ersetzen obsoleter Wörter	124
13.2	Intensiv- und Iterativbildungen bei Verben	127
13.3	Diminuitivbildungen	128
13.4	Systemimmanente Ersatzschöpfungen	129
13.5	Fachsprachliches	132
13.6	Entlehnungen aus anderen Sprachen	136
13.6.1	Griechisch	136
13.6.2	Keltisch	139
13.6.3	Germanisch	139
14	Produktive vulgärlateinische Wortbildungselemente	141
14.1	Suffixe	141
14.1.1	Nominalstamm + Suffix = Nomen	141
14.1.2	Verbalstamm + Suffix = Nomen	142
14.1.3	Nomen + Suffix = Adjektiv	143
14.1.4	Verb + Suffix = Adjektiv	143
14.1.5	Abgeleitete Verben	143
14.2	Übersicht romanischer Suffixe in der Interkomprehension	144
14.3	Lateinisch basierte Präfixe in der Romania	146
15	Panromanische Elemente im Protoromanischen	148
15.1	Das ererbte strukturelle Gerüst	148
15.2	Das Kriterium der Panromanität	150
15.3	Die absolut panromanischen Wörter	150
15.4	Der Erbwortschatz aller romanischen Sprachen	153

15.5	Wörter, die in acht romanischen Sprachen vorkommen	153
15.6	Ergänzungsliste des panromanischen Wortschatzes	155
15.7	Struktur des panromanischen Wortschatzes	155
16	Morphosyntaktische Veränderungen im Protoromanischen	158
16.1	Der Artikel – eine Systeminnovation	158
16.2	Pluralmarkierung im Nominalsystem	161
16.3	Die Entwicklung des Nominalsystems	162
16.3.1	Welche Information gibt ein KLT-Nomen?	162
16.3.2	Typische Mehrdeutigkeiten im KLT-System	163
16.3.3	Maskulines und feminines Deklinationsschema	163
16.3.4	Beispiel für einen Funktionswandel	164
16.4	Protoromanische Kasussysteme	165
16.5	Die Entwicklung der Komparation	166
16.6	Der Untergang des Neutrums	167
16.7	Die Entwicklung des VLT-Verbalsystems	169
16.7.1	Informationsgehalt der Verbalendung	170
16.7.2	Beispiel eines Konjugationstypus	170
16.7.3	Funktionswandel im Konjugationsschema	171
16.7.4	Interkomprehensive Wiedererkennung der 2. Pers. Sg.	172
16.7.5	Interkomprehensive Wiedererkennung der 1. Pers. Pl.	172
16.7.6	Wesentliche Veränderungen im VLT-Verbalsystem	173
16.7.7	Neuordnung des Tempussystems	175
16.7.8	Der Einfluss des Griechischen im Verbalsystem	176
16.7.9	Die Aspektdualität	176
17	Panromanische Syntax	177
17.1	Panromanische Syntaxstrukturen	177
17.2	Die 9 Kernsatztypen in den übrigen roman. Sprachen	179
	3.Teil: Kleine Textanthologie	182
18	Ausgewählte Texte	182
18.1	Inschriften	182
18.2	Appendix Probi	183
18.3	Reichenauer Glossen	185
18.3.1	Glossarium biblicum	185
18.3.2	Glossarium alphabeticum zur Vulgata	186

18.4	Aus dem Kochbuch des Apicius	187
18.5	Glosas Emilianenses	188
18.6	Itinerarium (Peregrinatio) Egeriae	189
18.7	Merowingerlatein	190
18.8	De Fluminibus Hispanis	191
18.9	Der Übergang vom Protoromanischen zum Altfranzösischen	191
18.9.1	Straßburger Eide	192
18.10	Textbeispiel zum altfranzischen Dialekt	193
18.11	Chantefable: Estula	194
	4.Teil: Bibliographie	**199**

Verzeichnis der Transkriptionen und Abkürzungen

Vokale

Zeichen	BEISPIEL	PHONETISCHE BESCHREIBUNG
¯	lat. ā, ē, ī, ō, ū	langer Vokal
˘	lat. ă, ĕ, ĭ, ŏ, ŭ	kurzer Vokal
ĩ	fim (port.)	i-Nasal
y	sur (frz.)	französisches ü: geschlossen, vorne, gerundet
ɯ	râde (rum.)	rumänischer Laut: mit gespreizten Lippen ein ü sprechen
u	ultimo (it.)	u-Vokal: geschlossen, hinten, gerundet
ũ	um (port.)	u-Nasal: geschlossen, hinten, gerundet
e	legge (it.)	e-Vokal: halbgeschlossen, vorne
ø	peu (frz.)	französisches ö: geschlossen, vorne, gerundet
o	molto (it.)	o-Vokal: halbgeschlossen, hinten
ɛ	testo (it.), auch vlt.	offener e-Laut
ɛ̃	vin (frz.) bem (pg.)	e-Nasal
œ	meurt (frz.)	halboffenes frz. œ
ə	le (frz.), casă (rum)	halboffener, zentraler ə-Laut
ɔ	monaco (it.)	offener o-Vokal
a	astro (it.)	a-Vokal
ã	pendant (frz.)	a-Nasal

Halbvokale od. –konsonanten

j	ieri (it.), hier (frz.)	palataler Halbvokal
ɥ	lui (frz.)	gerundeter palataler Halbvokal
w	oui (frz.)	velarer Halbvokal

Konsonanten

p	palla (it.)	stimmloser bilabialer Verschlusslaut
b	bostrico (it.)	stimmhafter bilabialer Verschlusslaut
t	tre (it.)	stimmloser dentaler Verschlusslaut
d	scaldabagno (it.)	stimmhafter dentaler Verschlusslaut

k	cane (it.)	stimmloser velarer Verschlusslaut
g	gatto (it.)	stimmhafter velarer Verschlusslaut
ß	saber (sp.)	stimmhafter bilabialer Reibelaut
θ	nación (sp.)	stimmloser dentaler Reibelaut
ð	codo (sp.)	stimmhafter dentaler Reibelaut
χ	Juan (sp.)	stimmloser velarer Reibelaut
γ	paga (it.)	stimmhafter velarer Reibelaut
s	sparare (it.)	stimmloser dentaler Reibelaut
z	rosa (it.)	stimmhafter dentaler Sibilant
ʃ	pesce (it.)	stimmloser palataler Sibilant
ʒ	je (frz.)	stimmhafter palataler Sibilant
ts	zampa (it.)	stimmloser dentaler Affrikat
dz	zaino (it.)	stimmhafter dentaler Affrikat
tʃ	cena (it.)	stimmloser palataler Affrikat
dʒ	germanico (it.)	stimmhafter palataler Affrikat
l	linea (it.)	dentaler Laterallaut
ł	col-lega (kat.)	schwach palatalisierter geminierter Laterallaut
ʎ	meglio (it.)	palatalisierter Laterallaut
r	rana (it.)	apicodentaler Vibrant
R	hier (frz.)	uvularer Vibrant
m	maschera (it.)	bilabialer Nasallaut
n	nettare (it.)	dentaler Nasallaut
ʲ		Palatalisierungszeichen
Cedille (z.B. ç)		Palatalisierungszeichen (rum./ț/ und /ș/)
ʷ		Velarisationszeichen
~		Nasalierungszeichen
ʔ		Zeichen für Pause ohne Aspiration: glottal stop.

Abkürzungen

afr, afrz	altfranzösisch
cat., kat.	katalanisch
dt.	deutsch
engl.	englisch
fr., frz.	französisch
gr.	griechisch
it.	italienisch
klt.	klassischlateinisch
lat.	lateinisch
ngr.	neugriechisch
okz.	okzitanisch
pg., port.	portugiesisch
rm, rum.	rumänisch
sard.	sardisch
sp., span.	spanisch
vlt.	vulgärlateinisch
→	wird zu
>	geworden zu
<	entstanden aus

Vorwort

Der vorliegende Band 10 der Reihe «Editiones EuroCom» beleuchtet die Ausgangspunkte für die Forschungsarbeiten zur EuroCom-Methode. Die gemeinsam mit Til Stegmann entwickelten EuroCom-Seminare erhielten ihre linguistischen Transfermaterialien sukzessive aus meinen linguistischen Arbeiten und Lehrveranstaltungen seit den 70er Jahren. Darunter sind vor allem meine panromanisch angelegten Untersuchungen zur Verbalsyntax (1969[1]) und zu morphosyntaktischen Strukturen (1974) zu nennen. Einen wesentlichen Einfluss hatte dabei der Versuch, das Rumänische auf der Basis des Französischen und anderer romanischer Sprachen darzustellen (1972, 1979[2]).

Das vorliegende Buch ist aus einer Veranstaltungsreihe zum Vulgärlateinischen und zur protoromanischen Phase entstanden, in denen der Sprachwandel analysiert wurde, der zur Differenzierung der Romania und zur Profilbildung der romanischen Einzelsprachen geführt hat. Diese Veranstaltungen, die zyklisch seit 1976 an der Universität Frankfurt stattfanden, waren die Grundlage für das Konzept, das später in Zusammenarbeit mit dem Frankfurter Literaturwissenschaftler und Katalanisten Tilbert D. Stegmann in den achtziger Jahren zu den EuroCom-Seminaren führte. Gemeinsam mit Stegmann, der neben wertvollen weiterführenden Ideen vor allem das Katalanische in das Seminar integrierte, entstanden in der Folgezeit eine Reihe von wissenschaftliche Testserien und Seminaren, die schließlich in einer Versuchsserie der neunziger Jahre zur gemeinsamen Ausgestaltung der Methode EuroCom geführt haben.

Ein wesentlicher Stimulus für die Veranstaltungen zur protoromanischen Phase war in der spezifischen Situation der Frankfurter Romanistikstudierenden zu suchen: Immer weniger Studierende verfügten über ausreichende Lateinkenntnisse. Aus diesem Grunde wurde die Darstellung der Sprachwandelprozesse, die zu den romanischen Sprachen geführt haben, durch aktuelle Beispiele aus der Neuen Romania und aus dem kreolsprachlichen Bereich ergänzt (und schließlich ersetzt). Es hat sich dabei gezeigt, dass der Sprachwandel, der von einer modernen romanischen Sprache zu einer Kreolsprache führt, sehr viel

---

[1] Eine Übersicht über meine diesbezüglichen Veröffentlichungen und Veranstaltungen befindet sich unter www.hgklein.de.

einleuchtender darstellbar ist, als der historische traditionelle Weg vom Lateinischen zum Romanischen. Dabei spielte die Interkomprehension zwischen dem Französischen und einer französisch basierten Kreolsprache (hier: Frankomauritianisch) die entscheidende Rolle. Aus diesem Konzept heraus entstand der Versuch, die Entstehungsphase der Romania, die Grundlage für die romanische Interkomprehension bildet, mit einem modernen Kreolisierungsprozess zu vergleichen. Die hier entwickelten Erkenntnisse haben in EuroComRom Niederschlag gefunden.

Die vorliegende Veröffentlichung ist das Ergebnis einer Neubearbeitung meiner Vorlesungs- und Seminarskripten zur historischen Komponente der romanischen Interkomprehension, an der meine wissenschaftliche Mitarbeiterin Christina Reissner wesentlichen Anteil hatte.

Horst G. Klein

1. Teil: Areale und soziolinguistische Aspekte

1 Einführung

1.1 Romanische Interkomprehension

Die romanische Interkomprehension basiert auf der Vielfalt der Varietäten des gesprochenen Latein im Kontakt mit den autochthonen Sprachen des Imperium Romanum und dem Griechischen als Bildungssprache.

Über mehrere Jahrhunderte hinweg war der Bevölkerung im gesamten Römischen Reich eine mündliche Verständigung möglich: vom heutigen Italien und der Schweiz über Rumänien, ganz Mitteleuropa bis nach Spanien, Portugal und sogar Afrika konnten die Menschen auf der Grundlage des durch die römischen Kolonisatoren verbreiteten Latein miteinander kommunizieren. Dabei handelte es sich um die gesprochene Sprache, das sogenannte Vulgärlatein. Es variierte je nach regionaler, aber auch sozialer Herkunft der Sprecher und unterlag aus den verschiedensten Gründen ständigen Veränderungen.

Selbst nach dem Untergang des Römischen Reichs war den dekolonialisierten Europäern noch eine Verständigung möglich. In dieser Zeit, etwa vom 6. bis zum 8. Jh. n. Chr., ist die protoromanische Phase anzusiedeln, in der sich die gesprochenen lateinischen Varietäten zu eigenständigen romanischen Sprachen emanzipierten.

Welche Faktoren bei der kontinuierlichen Veränderung des Lateinischen eine Rolle gespielt haben und wie sich daraus eine Gruppe von nahverwandten Sprachen entwickelte, soll hier dargestellt werden.

Die modernen romanischen Sprachen haben sich aus den regional differenzierten und eingeschränkten sprachlichen Situationen der gesprochenen lateinischen Volkssprachen in der protoromanischen Phase entwickelt.

Ein ähnliches Phänomen ist auch in der Gegenwart zu beobachten: Die Kreolsprachen entwickelten sich aus der gesprochenen Sprache, nicht aus der geschriebenen Varietät, zu der die meist analphabetischen „Entwickler" gar keinen Zugang hatten.

Die Entstehungssituation der romanischen Sprachen, der Wandel vom Lateinischen zu den romanischen Systemen, wird daher hier mit dem Wandel des sprachkolonial implantierten gesprochenen Französischen zu einer *Kreolsprache* verglichen. Darüber hinaus werden auch andere Entwicklungsbeispiele der Neuen Romania (Frankophonie und Hispanophonie) als Vergleichsobjekte herangezogen.

Man kann bei der Beobachtung des Wandels vom gesprochenen Französisch zum Frankomauritianischen, der französisch basierten Kreolsprache auf Mauritius (Indischer Ozean), dieselben fundamentalen Einsichten in Prinzipien des Sprachwandels erfahren wie beim Studium des Wandels vom gesprochenen Latein zu einer beliebigen romanischen Sprache.

Der vom Französischen ausgehende „aktualisierte" Prozess ist zur Sensibilisierung für das Phänomen des Sprachwandels besser geeignet als antike Beispiele. Schließlich ist der interlinguale Transfer zwischen einer modernen gesprochenen Sprache und dem Sprachwandelprodukt, der Kreolsprache, leichter nachvollziehbar.

Dennoch soll nicht ganz auf eine Analyse des Materials verzichtet werden, aus dem die romanischen Sprachen entstanden sind.

Der erste Teil der Arbeit[1] behandelt aus diesem Grunde areallinguistische und soziolinguistische Aspekte des romanischen Urahns, des Vulgärlateins. Er beschäftigt sich mit den zentralen Fragen nach den Bedingungen, unter denen sich das gesprochene Latein verändert hat und beleuchtet den römischen Sprachkolonialismus in Europa und die vorhandenen Quellen der Vorstufen der nahverwandten romanischen Sprachengruppe.

Zunächst wird die Entstehungssituation des frankomauritianischen Kreol untersucht, um dann die Entwicklung der zuletzt eroberten römi-

---

[1] Kapitel 1 bis 7

schen Provinz Dakien unter den zuvor gewonnen Gesichtspunkten zu analysieren. Der zweite Teil[2] des Buches beschäftigt sich mit der systemlinguistischen Beschreibung der sprachlichen Strukturen und ihren Veränderungen. Dabei geht es um das Verständnis des Form- und Funktionswandels, der sich im multilingualen Imperium Romanum abgespielt hat. Es wird dargestellt, welche Phänomene zum Systemwandel des gesprochenen Latein geführt haben und wie sich daraus eigenständige Strukturen in den protoromanischen Varietäten entwickelt haben, die als Nahverwandte untereinander mehr Gemeinsamkeiten haben als mit dem Lateinischen.

Der zweite Teil dient also der Systematisierung der beobachteten Phänomene des Sprachwandels und der Darstellung der interkomprehensiven Strukturen der Romania.

1.2 Von der Interkomprehension zur Eurocomprehension

Interkomprehension ist die Fähigkeit, in einer Gruppe von Sprachen, die einen gemeinsamen Ursprung haben, kommunizieren zu können.
Die romanische Interkomprehensionsforschung[3] hat zum Gegenstand, die aktuellen romanischen Sprachen miteinander in Beziehung zu setzen, sie vergleichbar zu machen und auf diesem Fundament ein Text- und Hörverstehen innerhalb der Sprachenfamilie zu ermöglichen. Auf diesem Wege soll den Europäern ihre gemeinsame kulturelle Basis und insbesondere deren sprachliche Aspekte aufgezeigt werden. Mit dem an der Frankfurter Universität von Klein und Stegmann entwickelten Projekt EuroCom, ein Akronym für EUROpäische InterCOMprehension, ist eine Methode zum Erwerb rezeptiver Kompetenzen in allen romanischen Sprachen entstanden.

Die noch junge Disziplin der Interkomprehensionsforschung bewegt sich im Spannungsfeld von Synchronie und Diachronie, von Komparatistik

---

[2] Kapitel 8 ff, ab S.79
[3] Projekte zur germanischen bzw. slavischenSprachengruppe sind ebenfalls auf dem Weg; s.d. www.eurocomresearch.net/artikel.htm

und Kontrastierung, von Konvergenz und Divergenz des linguistischen Inventars, beinhaltet aber auch sprach- und bildungspolitische und damit wirtschaftliche Realitäten[4].

Ihre methodische Interdisziplinarität erlaubt ebenso einen Rückgriff auf die Erkenntnisse der historischen Sprachwissenschaft wie auf diejenigen der Kreolsprachenforschung. Sie axiomatisiert synergetisch die gewonnenen Ergebnisse und schafft so eine solide Grundlage für eine weitere Erforschung des Transferpotentials und die Vorgänge beim Erschließen nahverwandter Sprachen.

Zahlreiche Quellen aus der protoromanischen Phase dokumentieren den Zustand der gesprochenen Sprachen und ermöglichen eine genaue Analyse bestehender Konvergenzen und Divergenzen der romanischen Varietäten. Die dabei gewonnenen Resultate leisten ihren Beitrag zur Interkomprehensionsforschung und dienen ihr als Ausgangspunkt für weitere Erkenntnisse. So gibt beispielsweise eine rein synchrone Betrachtung lautlicher Besonderheiten und Parallelitäten der einzelnen romanischen Sprachen[5] aufschlussreiche Informationen für den transferbasierten Erschließungsprozess.

1.3 Romanische Sprachproben

Die heutigen romanischen Sprachen dokumentieren als Endprodukte einer langen Entwicklung die Vielgestaltigkeit des gesprochenen Latein auf dem Territorium des Imperium Romanum. Sie zeigen die bestehenden Gemeinsamkeiten, aber auch die Unterschiede, die sich aus dem gesprochenen Latein entwickelt haben.

Ein kurzer lateinischer Bibeltext und seine Übersetzung in verschiedene romanische Sprachen dient als Beispiel:

---

[4] ausführl. zur Interdisziplinarität der Interkomprehensionsforschung: Stoye 2000, S.4ff
[5] siehe Kapitel 11, Die sogenannten Lautgesetze, S. 100 ff.

Lateinisch

Factum est autem diebus illis, ut prodierit edictum a Caesare Augusto, ut describeretur totus terrarum orbis. Haec descriptio prima facta est praesidente Syriae Cyrenio. Ibant omnes ut describerentur, in suam quisque urbem.

Französisch

En ce temps-là parut un édit de César Auguste, ordonnant un recensement de toute la terre. Ce premier recensement eut lieu pendant que Quirinius était gouverneur de Syrie. Tous allaient se faire inscrire, chacun dans sa ville.

Frankomauritianisches Kreol

Sa tah-la en lalwa Cesar Ogis ti sorti, ki ti pe ordon en resahsmah lor tu later ahtie. Sa premie resahsmah-la ena kah Kirilis ti guverne la Siri. Tu dimun ti pe al don zot noh, sakeh dah so la vil.

Italienisch

Or in quei giorni uscì un editto da parte di Cesare Augusto, che si facesse un censimento in tutto l'impero. Questo censimento fu il primo fatto mentre Quirinio governava la Siria. E tutti andavano a farsi registrare, ciascuno nella sua propria città.

Katalanisch

Per aquells dies sortí un edicte del Cèsar August que es fet el cens de tot el món. Aquest cens es féu abans que el del governador de la Siria, Quirini. I tothom anava a empadronar-se, cadascú a la seva població.

Ladinisch (Oberengadinisches Bündnerromanisch)

Ma ad ais davanto in quels dis ch'ad ais gnieu proclamo da l'imperatur Augustus ün decret chi ordinaiva üna innumbraziun ais gnida fatta cur cha Quirinius eira guvernatur da la Siria. E tuot chi giaiva a's fer inscriver, scudün in sieu lö da vschinedi.

Okzitanisch

S'anè trouva, en aquéli jour d'aqui, que pareiguè 'n edit de Cesar-Aguste pèr lou recensamen de touta la terra. Aquéu proumié recensamen fuguè fa pèr lou governour de Siria, Cirinius. E tóuti anavon faire sa declaracioun, cadun dins oun endré.

Portugiesisch

E aconteceu n'aquelles dias que saiu um decreto de parte de Cesar Augusto, para que tudo o mundo se alistasse. Este primeiro alistamento foi feito sendo Cyrenio presidente da Syria. E todos iam alistar-se, cada um á sua propria cidade.

Rätoromanisch (Surselvisches Bündnerromansich)

Mo ei davantà da quei temps, ca ei mà ora in cummondament digl imperadur Augustus, ca ei duvess vegnir registrau tut il mund. Questa fò l'amprima registraziun, ca vegnit fatga, cur Cyrenius era guvernadur da la Syria. A tuts mavan par sa laschar registrar, scadin en siu mercau.

Rumänisch

In vremea aceea a ieşit o poruncă de la Cezar August, să se înscrie toată lumea. Inscrierea aceasta s-a făcut ântâia dată pe când era dregător în Siria Quirinius. Toţi se duceau să se înscrie, fiecare în cetatea lui.

Sardisch

I su fra tempu, ci fù un decretu di Cesare Augustu, chi ordinava un ricensamentu di tutti l'abitanti di a terra. Stu primu ricensamentu ebbe locu quandu Chirinu era guvernatore di Siria. E tutti andavanu a fassi scrive ognuno in la so cità.

Spanisch

> Aconteció en aquellos días, que se promulgó un edicto de parte de Augusto César, que todo el mundo fuese empadronado. Este primer censo se hizo siendo Cirenio gobernador de Siria. E iban todos para ser empadronados, cada uno a su ciudad.

Dieser neutestamentarische Text weist in seiner lateinischen Version zwar noch wesentliche Strukturen des klassischen Lateins auf, ist jedoch schon etwas näher an der damals gesprochenen Volkssprache. Er gehört zum christlichen Latein, einem Lateinischen, das die Beschäftigung mit dem griechischen Originaltext widerspiegelt, das aber auch zum Predigen benutzt wurde. Erst in jüngster Zeit ordnet man das christliche Latein den Sondersprachen zu[6].

Die frühen Christen waren eine soziale Gruppe mit Sonderinteressen, etwa spezifischem Schutzbedürfnis, Abgrenzung von der heidnischen Umwelt, sozialem Engagement und hoher Disziplin. Die (übersetzte) Sprache ihrer Heiligen Schrift, stark an griechische Vorbilder angelehnt, und die messianische Heilsbotschaft, die über die Sprache vermittelt wurde, setzte den römischen Sprachkolonialismus auf intellektuellem Gebiet und im täglichen Leben fort. Ebenso wie das «Vulgärlatein» ist der Ausdruck «christliches Latein» Anlass zu terminologischer Problematisierung gewesen. Die *gesprochenen* Varietäten des christlichen Latein (Predigten) sind sicherlich auch dem Vulgärlatein zuzuordnen. Die schriftsprachliche Form des christlichen Latein blieb nicht ohne Einfluss auf die gesprochenen Sprachvarietäten, allerdings je nach geographischer Lage in unterschiedlicher Intensität: Über das Kirchenlatein vermittelte Einflüsse lassen sich zum Beispiel in der rumänischen Sprache wegen der dort vorherrschenden Dominanz der altkirchenslawischen Ritualsprache nicht nachweisen.

Vergleicht man nun diesen kurzen Text in den verschiedenen Sprachen, erkennt man zunächst deutliche Gemeinsamkeiten, die die nahe Verwandtschaft der romanischen Einzelsprachen dokumentieren.

---

[6] s.d. Schrijnen in: Kontzi 1978, S.33

Beschränkt man sich auf die lexikalischen Konvergenzen, ist beispielsweise folgendes zu beobachten:

In den romanischen Textproben werden für das Wort *alle* ausschließlich aus dem klassischlateinischen Wort *totus* abgeleitete Lexeme verwendet : *toți, tóuti, tothom, todos, tutti, tuts, tuot, tous, tu*. Dies ist eines von vielen lexikalischen Beispielen für die konvergente Entwicklung der romanischen Varietäten, wobei im lateinischen Originaltext an dieser Stelle *omnes* verwendet wird. Dies verdeutlicht, dass das klassische Latein für die romanische Interkomprehension, nämlich das (gegenseitige) Verstehen der einzelnen Varietäten, nicht unbedingt die beste Ausgangsbasis ist. Die Kenntnis einer der modernen Sprachen führt hier schneller zum Erfolg als die des „Urahnen" Latein.

Die bibellateinische Städtebezeichnung *urbs* war in der Klassik ausschließlich der Stadt Rom vorbehalten, andere Städte wurden mit *oppidum* bezeichnet. In den romanischen Sprachen werden andere Lexeme verwendet: *cetate, població, endré, població, cidade, cità, città, ciudad, mercau, vschinedi* und *ville, vil*. Immerhin 5 Sprachen verwenden ein aus *civitatem* abgeleitetes Wort, das sich in seinem lateinischen Ursprung in erster Linie auf die bürgerschaftliche Organisationsform bezog, nicht jedoch auf das geographische Gebilde. Das Wort *cité* existiert aber (neben *ville*) auch im Französischen, wenn auch mit Bedeutungsspezifizierungen. Und neben *població* kennen auch das Katalanische und Okzitanische das verwandte *ciutat*. Es handelt sich bei *cité* und seinen Verwandten offensichtlich um ein hochgradig interkomprehensives Element, während das lat. *urbs* verschwunden ist und nur in gelehrten Derivaten wie *urban* und *Urbanisierung* im Deutschen wie in der Romania überlebt hat.

Bei einzelnen Lexemen hat eine so divergente Entwicklung in der Romania stattgefunden, dass sie nicht (mehr) interkomprehensibel sind. Diese profilhaften Elemente[7] einer romanischen Sprache, ihre Partikularitäten und strukturellen Besonderheiten sind es, auf die die EuroCom-Methode mit Hilfe der Profilwörter und der Sprachportraits zu jeder einzelnen

---

[7] Klein/Stegmann 2000, S.146 ff.

Sprache eingeht und so ermöglicht, auch Texte zu erschließen, die Elemente enthalten, die nicht auf Anhieb interkomprehensibel sind.

Ein Beispiel aus den Textproben für derartige lexikalische Divergenzen sind die verschiedenen Lösungen, die die einzelnen romanischen Sprachen für die lateinische Ablativkonstruktion *diebus illis* („in jenen Tagen", „zu jener Zeit") entwickelt haben: Während das lateinische *dies* (und das Derivat *diurnus*) noch in 7 Sprachen «weiterverwendet» wird, werden in den anderen Sprachen aus dem lateinischen *tempus* abgeleitete Formen wie *tempu, temps, tah*[8] verwendet. Das Rumänische kennt zwar beide Traditionen, *zi* und *timp*, verwendet aber hier das slawische Wort *vreme*. Völlig verschwunden ist die morphosyntaktische Struktur des temporal verwendeten Ablativs.

Auf das lateinische Demonstrativpronomen *ille* gehen mit Ausnahme des Sardischen alle bestimmten Artikel im romanischen Sprachraum zurück[9]. Allerdings kennt das Lateinische selbst die Artikelkategorie als solche überhaupt nicht.

Die romanischen Demonstrativa in den Textproben bedienen sich neuerer Formen wie *quei, aquells, quels, aquéli, aquelles, quei, aceea, aquellos*, wiederum alle einander ähnlich und verständlich. Sie haben sich aus vulgärlateinischen Kontaminationen von Wörtern wie *atque* und *ille* gebildet und spiegeln den Bedeutungs- und Funktionswandel in der Romania deutlich wider.

Dem lateinischen *haec descriptio* (fachsprachlich für Volkszählung) entspricht in den romanischen Sprachen: *ce recensement, questo censimento, aquest cens, aquéu recensamen, este alistamento, questa registraziun, inscriera aceasta, stu ricensamentu, aquest cens, este censo*.

Abgesehen von dem rumänischen *inscriera*, das den Bestandteil der „–scriptio" als Derivat von lat. *scribere*, dt. *schreiben*, beibehält, hat keine der romanischen Sprachen das lateinische *descriptio* in dieser fachsprach-

---

[8] auch dies ein Internationalismus, s. Klein/Stegmann ebd., S.264 f.

[9] siehe Kap. 13.4, S. 129; Klein/Stegmann 2000, S.124: Im 6.Sieb der panromanischen morphosyntaktischen Elemente findet sich eine „mikrosyntaktische Strukturformel" zu den bestimmten Artikeln

lichen Bedeutung übernommen. Nur die humanistische Form *descriptio* hat im europäischen Wortschatz eine Heimat gefunden und ist auch im deutschen Wortschatz als Fremdwort vorhanden.

Auch bei den Demonstrativpronomina sind zumindest auf den ersten Blick keine Gemeinsamkeiten mit dem Lateinischen zu erkennen, wenngleich auch diese sich panromanisch entwickelt haben und sich daher ähneln. Dahinter steht nicht das lat. Demonstrativum *hic, haec, hoc* (dt. *dieser, diese, dieses*), sondern wiederum Kontaminationen aus lateinischen Elementen wie *atque* und *iste* (dt. etwa: *und eben der da*), die einen entsprechenden funktionalen Wandel hinter sich haben.

Bereits diese wenigen lexikalischen Beispiele aus den Sprachproben dokumentieren, dass etymologisierende Aspekte bei der synchronen Herangehensweise der Interkomprehensionsforschung unberücksichtigt bleiben können: Zwar lassen sich eine Reihe lexikalischer Transferbasen aus dem Lateinischen herleiten, aus der synchronen Betrachtung der romanischen Einzelsprachen resultiert jedoch ein weit höherer Anteil an transferfähigem Material. Für die Methode des Optimierten Erschließens sind daher die protoromanischen Gemeinsamkeiten von größerer Bedeutung.

Trotz dieser wenig vorteilhaften Rolle des (klassischen Schul-) Lateinischen als lexikalische Transferbasis soll in diesem Buch anhand der Entwicklung vom Lateinischen zu den protoromanischen Varietäten gezeigt werden, worin die Unterschiede zum klassischen Latein beruhen und worauf die panromanischen Parallelitäten basieren.

Auf der Basis der so gewonnenen Erkenntnisse lassen sich die eigentlichen Hintergründe für die bestehenden Divergenzen und Konvergenzen in der Romania nachvollziehen, die schon das Protoromanische dokumentiert.

2 Die Verbreitung des Lateinischen

Die Verbreitung des Lateinischen ging einher mit der kolonialen Inbesitznahme nicht-römischen Territoriums durch die Legionäre Roms. Dies zog sich über einen Zeitraum von mindestens 700 Jahren hin.

Es ist daher evident, dass die lateinische Sprache in dieser langen Zeit stetigen Veränderungen unterworfen war. Vor der stark durch griechische Modelle geprägten Entwicklung des Lateinischen zur uns übermittelten Literatursprache lag eine lange Zeit gesprochener Sprachtradition, in der das Lateinische noch keine Verschriftung kannte. Erst durch die normgebende Wirkung der Schrift und der Dominanz eines politischen Zentrums wurde die dialektale Vielfalt allmählich verändert, ohne freilich in der gesprochenen Sprache gänzlich zu verschwinden. Sie hinterließ über viele Jahrhunderte Spuren: Noch heute gilt das italienische Sprachgebiet in der Romania als das Territorium mit der größten dialektalen Vielfalt.

2.1 Die multilinguale Apenninenhalbinsel

Die Geschichte der Ausbreitung des Lateinischen auf dem Territorium der Apenninenhalbinsel verdeutlicht, wie polymorph die zahlreichen Kulturen damals allein in dieser Region waren; schon in der Entstehungsphase der Sprache Roms kann von Einheitlichkeit nicht die Rede sein.

Während der sog. „Großen Wanderung" kamen die *Italiker* als Träger der Villanova-Kultur nach Italien. Zu den Italikern gehörten die folgenden drei Gruppen:

Die *latinisch-faliskischen Proto-Latiner* (Kennzeichen: Brandbestattung) waren Indogermanen, die während der Bronzezeit (etwa 1700-800 v.Chr.) aus Mitteleuropa eingewandert waren. Sie kamen etwa im 10. Jahrhundert v.Chr. nach Latium und gründeten dort Siedlungen. Wenig später kamen die ebenfalls *indogermanischen oskisch-umbrischen* Erdbestatter nach Umbrien, Campanien, Süditalien und ins Sabinerland. In einer dritten Welle besiedelten *illyrische* (Iapygen) Stämme (Kennzeichen: Urnenfelderkultur) aus dem Donauraum das Land und brachten das asiatische Reiterkriegertum nach Italien.

Die *Etrusker*, deren Beitrag zum Lateinischen erheblich war, waren seit 900 v.Chr. vermutlich auf dem Seeweg nach Italien gekommen. Sie wanderten vor allem in die heutige Toskana ein und sicherten sich im Laufe der Zeit die Seeherrschaft im gesamten nordwestlichen Mittelmeer; so entwickelten sie sich zum Erzrivalen Roms. Etruskisch gehört zu den sog. *vormittelmeerischen* Sprachen.

Gleichzeitig begannen die *Griechen* seit dem 8. Jh. ihre zahlreichen Siedlungen in Süditalien und Sizilien zu gründen. Während der Blütezeit Roms waren die griechische Sprache und Kultur von tiefgreifender Bedeutung für die römische Gesellschaft[10], vergleichbar mit der Rolle des Französischen im Europa des 18. Jh. und dem Englischen als Wissenschaftsidiom heute.

Die *Phönizier* betrieben gegen Ende des 2. Jahrtausends v.Chr. vom östlichen Mittelmeer aus regen Handel mit fast allen Ländern des Mittelmeerraums. Sie entwickelten um die Jahrtausendwende eine einheitliche Schrift, die sich erstmals aus einzelnen Konsonanten zusammensetzte. Die Griechen hatten diese Schrift übernommen, und etwa um 500 v.Chr. gelangte sie über die Etrusker nach Italien, wo sich daraus die lateinische Schrift entwickelte. Schrifttradition ist bei vielen Völkern ein wesentliches Hilfsmittel zur Interkomprehension.

Schließlich sind auch die anderen mittelmeerischen Völker zu erwähnen, die vor der Einwanderung der Proto-Latiner in den Regionen heimisch waren. Von deren *vorindogermanischen* Sprachen weiß man so gut wie nichts. Aus dem Vergleich mit anderen Kontaktsituationen ergibt sich jedoch, das solche Substrate von einem gewissen Einfluss auf die Ausprägung lokaler Varietäten waren.

Das *Keltische* spielte seit dem Kelteneinfall zum Ende des 5. Jh. v.Chr. eine (weniger wichtige) Kontaktrolle. Da die Kelten in Italien außer in der Gallia cisalpina keine festen Siedlungen angelegt hatten, ist anzu-

---

[10] siehe Kapitel 13.6.1, S. 136 ff.

nehmen, dass sie bald in den Völkern aufgingen, von denen sie besiegt wurden. Seit 150 v.Chr. kann man davon ausgehen, dass das Keltische keine Rolle mehr für die Sprachentwicklung in Italien spielte. In anderen Teilen des Imperiums sollte es hingegen später eine prägende Rolle haben.

Das in der Gegend von Bellinzona nachgewiesene indogermanische *Lepontische* sowie das *Ligurische*, dessen indogermanische Zugehörigkeit meist angenommen wird, aber nicht zweifelsfrei feststeht, trugen ebenfalls zur dialektalen Vielfalt des gesprochenen Latein bei.

Die indogermanischen *Illyrer*, deren Nachkommen heute auf Albanien und den Kosovo sowie einige wenige Dörfer in Italien beschränkt sind, lebten in Apulien und Kalabrien, wo man auch heute noch viele illyrische Ortsnamen findet. Für die spätere Gestaltung der balkanischen Varietäten des Lateinischen spielten die Illyrer eine wesentliche Rolle.

Im Bereich der nördlichen Adria sprach man das *Venetische*, allem Anschein nach ein unabhängiger Zweig des Indogermanischen, der in einem engen Verhältnis zum Lateinischen und Illyrischen steht, aber auch Berührungspunkte zum Germanischen und Keltischen kennt.

Die *Sikuler*, Sprecher einer weiteren indogermanischen Sprache, besiedelten ursprünglich die gesamte Apenninenhalbinsel bis zur Poebene.

Rom wurde der Sage nach von den Zwillingen Romulus und Remus gegründet; tatsächlich entstand es um 750 v.Chr. aus einem Bündnis verschiedener Siedlungen (*populi*), zu denen neben den *Latinern* auch die *Sabiner* mit ihrem kulturellen Hintergrund gehörten. Zu dieser Zeit hatten auch die Etrusker noch einen dominanten politischen Einfluss.

Die politische Vormacht einer erstarkenden Siedlung Rom und die Beseitigung der bis zum 4. Jh. andauernden Etruskerherrschaft führte zur Dominanz der Sprache Roms gegenüber den übrigen *latino-faliskischen* Dialekten.

2.2 Die sprachkoloniale Ausbreitung des Lateinischen

Das Lateinische, das zunächst über das heutige Italien und im Laufe der kolonialen Ausbreitung des Imperium Romanum über beinahe ganz Europa verbreitet wurde, traf überall auf weitere autochthone Sprachen und Kulturen.

Die areale, d.h. geographische Ausbreitung des gesprochenen Latein lässt sich an der Kolonialgeschichte Roms und auch an der Verbreitung der romanischen Sprachen in Europa (und im gesamten Mittelmeerraum) sehr gut nachvollziehen.

Die *zeitliche Sukzession* der sich über 300 Jahre erstreckenden Inbesitznahme (Sizilien und Sardinien als erste Kolonien, Dakien als letzte Kolonie) spielte bei der Varietätenbildung ebenso eine entscheidende Rolle wie die geographische *Distanz* von Rom und dem Kernsiedlungsgebiet Latium, wie der *Grad der Urbanisierung* der jeweiligen Provinz (besonders hoch in der Gallia Narbonensis, niedrig in Dakien) und die *Beschaffenheit* (Hetero- oder Homogenität) der unterjochten autochthonen Sprachgruppen. Schließlich ist die *Dauer* der Kolonisation von wesentlicher Bedeutung ebenso wie der *Intensitätsgrad* der wirtschaftlichen und militärischen Präsenz der römischen Eroberer. Diese Parameter sind relevant für die individuelle Ausprägung der jeweiligen Varietät.

Die koloniale Ausdehnung wurde durch Ansiedlung von militärischen Garanten abgesichert. Diese Siedler (*coloni*) gehörten in aller Regel nicht zur sprachlichen Elite des Landes. Sie verfügten meist nur über die *mündliche Sprachkompetenz* ihrer Heimat und brachten die *dialektalen Gewohnheiten* ihrer Region mit in das neue Siedlungsgebiet.

Die größte Volksgruppe, auf die die Römer bei ihrer militärischen Expansion über die Grenzen der Halbinsel hinaus trafen, waren die *Kelten*[11]. Sie hatten sich vom südwestlichen Mitteleuropa aus auf die britischen Inseln, nach Südfrankreich und auf die iberische Halbinsel sowie über Oberitalien bis ins heutige Rumänien und Dalmatien ausgebreitet. Zu ihnen gehörten auch die Gallier, die ihre Artikulationsgewohnheiten in der lateinischen Fremdsprache besonders

---

[11] zum kelt. Einfluss auf den rom. Wortschatz siehe Kap. 13.6.2, S. 139

deutlich beibehielten. So gilt als sicher, dass die galloromanische Lautung ü [y] wie z.B. im frz. *mur*, auf keltisches Substrat zurückzuführen ist.

Im Norden trafen die römischen Eroberer auch auf verschiedene germanische Stämme, die vom Norden her bis an Maas, Rhein und Mosel siedelten[12].

Östlich der Rhône, von der heutigen Provence bis in die Schweiz, siedelten die bereits genannten *Ligurer*. In diesen Gebieten sollten sich Varietäten entwickeln, die Basis für das Dolomitenladinische, das Friaulische, das Frankoprovenzalische, das Rätoromanische, und teilweise auch das Okzitanische wurden.

Im heutigen Spanien trafen die Römer auf die *Iberer*, ein vermutlich aus Nordafrika stammendes Volk, das (neben den Kelten) Zentral- und Ostspanien und vor allem das Gebiet des heutigen Katalonien und den äußersten Süden Frankreichs besiedelte. Das südliche Spanien war bis 202 v.Chr., kurz vor Ende des 2. Punischen Krieges, von den *Karthagern* und vorher von den *Griechen* besetzt.

Im Norden Spaniens siedelten die *Basken*. Das Baskische ist die einzige vorrömische Sprache, die bis heute existiert.

Im Gebiet des heutigen Albanien lebten die bereits erwähnten Illyrer. Das heutige Albanische geht direkt auf das Illyrische zurück, und auch in der rumänischen Sprache finden sich einige Wörter illyrischen Ursprungs. Das heute ausgestorbene *Dalmatinische* dokumentiert ebenfalls illyrisches Substrat. Schließlich trafen die Römer im heutigen Bulgarien und Rumänien auf das Volk der *Daker*, dessen Sprache das Rumänische beeinflussen sollte[13].

Die Verbreitung der modernen romanischen Kolonialsprachen und ihrer Varietäten in Gebieten außerhalb Europas zeigt eine Reihe von Parallelitäten in Sprach- und Systemwandel auf. Dies ermöglicht es, neben den arealen und den systematischen Aspekten auch soziolinguistisch relevante Gesichtspunkte für die sprachliche Veränderung und Varietätenbildung zu

---

[12] zum german. Einfluss auf den rom. Wortschatz siehe Kap. 13.6.3, S. 139ff.
[13] siehe Kapitel 7, Romanisierung der Provinz Dakien, S. 70 ff.

berücksichtigen, da hier eine Fülle von Daten vorliegen, die als Parameter für die soziolinguistische Beurteilung dienen können. Auf der Grundlage der dabei gewonnenen Erkenntnisse sind auch ältere Phänomene des Sprachwandels retrospektiv exakter zu bewerten.

2.3 Ziel systemlinguistischer Beschreibung des Vulgärlateins

Eng verbunden mit den soziolinguistischen Fragestellungen ist die Frage nach der qualitativen Beschaffenheit des Vulgärlateinischen, also eine deskriptiv orientierte Frage. Die Deskription des Vulgärlateinischen ist jedoch für Romanisten vor allem dann von Nutzen, wenn dadurch ein Einblick in den sozial und kulturell bedingten Systemwandel von Sprache schlechthin vermittelt wird. Die systemlinguistische Beschreibung dient dann gleichzeitig dem Verständnis der arealen Vielfalt und der soziolinguistischen Bedingungen, die eine solche Vielfalt erst ermöglicht haben. Die Beschäftigung mit dem Vulgärlateinischen verknüpft somit nach unserem Konzept areale Beschreibung mit soziolinguistischer Analyse der Sprachwandelsituation und systemlinguistischer Auswertung des Geschehens. Die systemlinguistische Beschreibung ist Gegenstand des zweiten Teils dieses Buchs[14].

3 Die Entstehungsphase der romanischen Sprachen

3.1 Die Genese der protoromanischen Varietäten

Neben der *areallinguistischen* Beschreibung der Ausbreitung des Lateinischen stellt sich die Frage nach der *Genese* des Vulgärlateinischen.
Welche Faktoren verursachten im einzelnen die *Vielfalt der romanischen Sprachen*? Ist das Vulgärlateinische überhaupt eine einheitliche Sprache? Der Versuch einer Definition verdeutlicht die Problematik:

---

[14] Kapitel 8 ff., ab S. 79

> Das Vulgärlateinische beinhaltet die Vielfalt der Varietäten des auf dem gesamten Territorium des Imperium Romanum vom Beginn der sprachlichen Kolonisation Roms im 2. Jahrhundert v. Chr. bis zum Ende des weströmischen Reichs im 5. Jahrhundert n. Chr. gesprochenen Sprachkontinuums.

Diese Definition bezieht sich ausschließlich auf das gesprochene Latein; in der elaborierten literarischen Schriftsprache des klassischen Latein fand hingegen nie mündliche Kommunikation statt.

Zudem verdeutlicht die Definition, dass es sich um einen äußerst langen Zeitraum von rund 700 Jahren handelt, in dem jede Sprache zwangsläufig unterschiedlichen Einflüssen und Veränderungen unterliegt.

Die kolonialisierten Völker sprachen unterschiedliche Muttersprachen. Sie haben sich zudem in verschiedenen Gesprächssituationen mit skaliertem Beherrschungsgrad des gesprochenen Lateins bedient. Häufig wurde «das Vulgärlatein» nur als zweite Sprache gesprochen, die Muttersprache konnte eine keltische, iberische oder germanische sein. Ein Nebeneinander von zwei oder mehr Sprachen hat stets Konsequenzen für ihre Entwicklung[15].

3.2 Die Quellen des gesprochenen Latein

Bei der definitorischen Weite des Sammelbegriffs Vulgärlatein ist es nicht verwunderlich, dass die Quellen der gesprochenen Vorfahren der romanischen Sprachen nicht nur in einer einzigen historischen Periode zu suchen sind. Man findet sie bei der Untersuchung antiker Texte ebenso wie beim Analysieren moderner romanischer Sprachen. Das gesprochene Latein als solches ist nirgends schriftlich festgehalten.

Die sogenannten Quellentexte zum Vulgärlatein geben nur Hinweise auf jeweils bestimmte, einzelne Aspekte und Charakteristika des gesprochenen

---

[15] siehe Kap.3.3, Nebeneinander mehrerer Sprachen, S. 38 ff.

Latein. Fasst man diese vielfältigen Hinweise und Erkenntnisse jedoch zusammen, vermitteln sie eine deutliche und profunde Charakteristik des Sprachwandels.

3.2.1 Texte aus Lustspielen und Satiren

Die Komödien des *Plautus* (254–184 v.Chr.) und die berühmte *Cena Trimalchionis* des *Petron* (1. Jh. n. Chr.) vermitteln beispielsweise Aufschlüsse über die Vitalität der *gesprochenen Sprache*. Wenn etwa die Sprache der Sklaven im Gegensatz zu der ihrer Herren zum Ausdruck kommt, wenn Argothaftes und Provinzielles differenzierbar wird (z.B. bei Plautus), so kann dies Auskunft darüber geben, wie die lateinische Sprache *vor* ihrer schriftsprachlichen Normierung durch literarische Vorbilder wie Cicero und Caesar ausgesehen hat.

3.2.2 Zielgruppenorientierte Fachliteratur

Ärztliche oder tierärztliche Abhandlungen wie die *Mulomedicina Chironis*, Schriften *Catos* (3.-2.Jh.) und *Varros* (1.Jh. v.Chr.) über den Ackerbau und - in besonders ansprechender Weise - das *Kochbuch des Apicius* (1. Jh. v. Chr.) enthalten eine Fülle von sprachlichen Informationen, die von der klassischen Norm abweichen. Aus den ackerbaulichen Schriften etwa wissen wir, dass beispielsweise schon in der Antike *caulis* (=Kohl) in bäuerlicher Aussprache *colis* hieß. Der Wandel au > o fand offenbar schon vor der protoromanischen Phase unter bestimmten Bedingungen statt und scheint mit einer soziolinguistisch relevanten Merkmalhaftigkeit versehen zu sein.

3.2.3 Private Korrespondenzen

Selbst ein so brillanter Anwalt und Gerichtsredner wie *Cicero* (106–43 v.Chr.) hat in dem Teil seiner privaten Korrespondenz, der nicht zur Veröffentlichung bestimmt war, seine «linguistischen Hausschuhe» angezogen: Beispiele für einen etwas weniger an der hochsprachlichen Norm orientierten Stil findet man gelegentlich in seinen *Epistolae ad Atticum* und *Epi-*

stolae ad familiares. So wird beispielsweise das lateinische *habere* im mikrosyntaktischen Zusammenhang mit einem Partizip Perfekt verwendet, ein umgangssprachliches Phänomen, das später einmal das Muster für das romanische zusammengesetzte Perfekt werden sollte: *habet occupatum* dtsch. er hält [etwas] als besetzt = er hat besetzt, fr. *il a occupé*.

3.2.4 Reden und an das Volk gerichtete Ansprachen

Zur Veröffentlichung intendierte Ansprachen und Texte zeichnen sich häufig (unter dem Einfluss eines manipulierenden partnertaktischen Programms) durch eine populäre Einfachheit der Redestruktur aus, die ebenfalls eine Quelle für Vulgärlateinisches darstellen. Als Beispiele seien zu nennen:
- *Ciceros* Reden gegen Catilina (mit seinem sprichwörtlichen *Quo usque tandem abutere, Catilina, patientia nostra?*)
- Reden des *Seneca* (4 v.Chr.-65 n.Chr.), *Lukrez* (97-55 v.Chr.) und *Tertullian* (160-220 n.Chr.)

3.2.5 Inschriften

Inschriften stellen schließlich eine außerordentlich gewichtige Anzahl von Quellen dar. Oftmals wurden von der sprachlichen Norm abweichende Varianten in Stein gemeißelt; dieses Material lässt häufig Rückschlüsse auf den Bildungsgrad oder (falls häufig in der Region aufgefunden) regionale Herkunft der Inschriftenverfasser zu. Es dokumentiert vielfach die Entwicklung der gesprochenen Sprache. Wegen der Häufigkeit der Normabweichungen sind dabei inoffizielle Inschriften von besonderem Interesse:
- Grabinschriften wie: *hic requiiscunt membra ad duus fratres Gallo et Fidencio qui fuerunt fili Magno*[16]

---

[16] Gravierende Normabweichungen in Phonologie, Morphologie u. v. a. Deklination u. Syntax. Eine entsprechende «deutsche» Übersetzung könnte etwa lauten: Hier ruen de Gebeine von die zwaa Brüders Gallo und Fidentsio, die waren Söne von de Magno

- Fluchtafeln, *tabellae defixionum* : Bleitafeln, die mit Verfluchungen versehen sind; Flüche zählen zu den produktivsten Beispielen von Volkssprache und sind besonders langlebig.
- Geschäftsschilder (z.B. *Filuminus tonsor de circum*[17]). Werbung musste schon in der Antike anprechen, getreu dem heutigen Wahlspruch: *If you want to do business do it in your customer's language.*
- Graffiti von Pompej: Es handelt sich dabei um Wandkritzeleien boshaften oder anzüglichen Charakters: *Nycherate, vana succula, que amas Felicione et at porta deduces, illuc tantu in mente abeto*[18]

3.2.6 Personennamen

Die häufig gebrauchten Appellative sind der Mode unterworfen und zeigen in ihrer Entwicklung wichtige Tendenzen der gesprochenen Sprache auf: Claudius – *Clodius* weist auf die romanische Monophthogierung von *au* > *o* hin; Smyrna – *Ismurna* dokumentiert einen prothetischen Vokal (*i*, oder *e*) vor s + Konsonant und die Wiedergabe von gr./lat. *y* durch *u*.

3.2.7 Bemerkungen römischer Schriftsteller über «ländliche» Aussprache:

Oftmals sind Hinweise auf verschiedene den ländlichen Soziolekten zuzuordnende Varietäten außerhalb Roms zu finden, so z. B. bei
- *Lucilius* (2. Jh. v.Chr.)
- *Varro* (116-27 v.Chr.): *Latio rure edus qui in urbe haedus*[19].

3.2.8 Ausarbeitungen von Grammatikern

Ein Beispiel aus dem 3./4. Jh. n.Chr. ist die *Appendix Probi*, der Anhang zu einer grammatischen Abhandlung eines Schulmeisters namens *Probus*, der 227 «vulgären» Wendungen die jeweils korrekte Form gegenüberstellt.

---

[17] Dt. etwa: Filuminus (Philomenus) – Barbier von Zirkus
[18] Nycherate, du dumm Dreksau, di du liebst de Felitsio und ihn for de Tür setzt, dat sollste aber im Kopp halte.
[19] In Latium heißt der Bock *edus*, in Rom *haedus*.

Zu dieser Form des Kommentierens gehören letztlich auch die unten erwähnten *Glossen*. Die Appendix Probi vermittelt Einblicke in die damalige Einschätzung von Normabweichungen und indirekt auch in ihre Häufigkeit. Sie stellt eine der wichtigsten Quellen dar. Die Appendix Probi liefert bei der Darstellung der protoromanischen Varietätenbildung wertvolles Material[20].

Aus Grammatikertraktaten und der Metrik sind ferner einige wichtige Aussprachebesonderheiten des Lateinischen abzuleiten, die Aufschluss geben über Entwicklungstendenzen der gesprochenen Sprache.

3.2.9 Schriften zur Ausbreitung des Christentums

Sie wurden oftmals bewusst nach dem Motto abgefasst: *Melius est reprehendant nos grammatici quam non intelligant populi* (*Augustinus*, 354-430): Besser die Grammatiker tadeln uns, als dass das Volk uns nicht versteht.

Zu diesen Schriften zählen die Bibeltexte der *Itala* und der *Vulgata*, die auf den Kirchenvater *Hieronymus* (340-419/20) zurückgehen.

3.2.10 Glossenliteratur

Sie gehört zu den wichtigsten Quellen für die Romanistik. Glossen sind Erläuterungen zu unverständlichen Textstellen oder deren Übersetzung in alten Handschriften. Wörter oder Texte wurden glossiert, wenn sie nicht mehr im Bereich der allgemeinen Sprachkompetenz lagen. So dokumentieren die meist in Klöstern entstandenen Glossen zu alten Handschriften das Ausmaß der sich von der Schriftsprache entfernenden Volkssprache und die regionale Varietätenbildung.

Die *Reichenauer Glossen* stellen einen unschätzbaren Wert für die romanistische Forschung dar. Es handelt sich dabei um das Glossar zu einer Bibelhandschrift, das die nicht mehr verstandenen Wörter übersetzt. Das Glossar mit 3152 Kommentaren ist mit großer Wahrscheinlichkeit im 8. Jh.

---

[20] s. Kapitel 12, S. 116 ff.

in Nordfrankreich entstanden und fand sich später im Besitz der Abtei Reichenau[21].

Von ähnlicher Bedeutung für die Romanistik sind die *Glosas Emilianenses* aus der Gegend von Rioja. Sie enthalten altspanische Äquivalenzen zu Teilen eines lateinischen Texts. Auch fehlerhafte romanische Glossen sind in diesem Zusammenhang aufschlussreiche Quellen.

3.2.11 Die modernen romanischen Sprachen

Neben den angeführten Quellen, die Informationen über die Varietäten des gesprochenen Latein liefern, ist das romanische Sprachinventar selbst, sozusagen als Endergebnis der Sprachentwicklung, eine wichtige Quelle für die Analyse der Evolution. So wurde beispielsweise für ein Wort wie *schön* in den romanischen Sprachen das klassischlateinische Wort *pulcher* radikal ersetzt durch konkurrierende Worte wie das in der Liebeslyrik auch klassisch verwendete *bellus* (frz. *beau, bel*; it. *bello*) oder das auf die Schönheit der Gestalt verweisende *formosus* (sp. *hermoso*, rum. *frumos*) oder das auf ein germanisches Lehnelement zurückgehende Modewort *lindus* (pg. *lindo*). Daraus lässt sich schließen, wie reich die gesprochene Sprache an konkurrierenden Varietäten war. Die Tatsache, dass *formosus* sowohl im Osten (Rumänien) als auch im Westen (Spanien) überlebt haben, schließt aus, dass es sich bei dieser Varietät nur um eine regionale Sonderentwicklung gehandelt hat.

Offensichtlich zeichnete sich das gesprochene Latein schon früh durch einen ungemein bunten Varietätenreichtum aus, der sich in den romanischen Einzelsprachen niedergeschlagen hat.

3.3 Das Nebeneinander mehrerer Sprachen

Ein Neben-, Mit- und Gegeneinander von dominanter und dominierter Sprache, wie es in den kolonialisierten Gebieten des Imperium Romanum existierte, ist auch in der Gegenwart in den meisten Ländern der *Neuen Romania* zu beobachten:

---

[21] siehe Kapitel 19.3, S.188

Das Quechua im heutigen Perú beispielsweise wird in den verschiedenen Sphären sprachlicher Realisierung in unterschiedlich starken Maße durch das dominante Spanisch verdrängt. Im öffentlichen Leben und in der Technik herrscht die spanische Sprache, in der ländlich traditionellen Welt hat die autochthone Sprache noch ihren Platz, wenngleich sie allmählich an Terrain verliert.

Gleichzeitig entstehen in den Kontaktgebieten zwischen Quechua und Spanisch Varietäten des andinen Spanisch, die deutlich Einflüsse des Quechua aufweisen. In der Auseinandersetzung zweier Sprachen und Kulturen gibt es kein friedliches Neben- oder Miteinander, sondern stets Konfliktsituationen.

Die Tabelle dokumentiert die Sphären sprachlicher Realisierung in Perú und verdeutlicht das Nebeneinander von dominanter und dominierter Sprache:

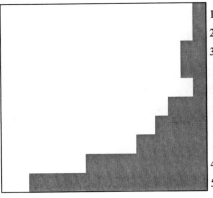

1. Technik und Berufsleben
2. Öffentliches Leben «mundo oficial»
3. Institutionen wechselseitiger Beziehungen
   Schulische Sozialisation
   Schriftliche Medien
   Mündliche Medien
   Politik
   Kommerzielle Kontakte
4. Expressive Welt (relig., künstl., folklor.)
5. Ländliche traditionelle Welt

Spanisch   Quechua oder Aymara

Auch die historische Realität zeigt, dass die dominante Sprache einen Verdrängungsprozess einleitet, der die dominierte Sprache auf immer weniger Kommunikationsbereiche beschränkt. Am Ende dieses Prozesses steht oft der Tod der dominierten Sprache. Glottophagie - «Sprachenfresserei» wurde dieses Phänomen in Anlehnung an den Terminus der Anthropophagie (Menschenfresserei) genannt, der schließlich zum Aussterben von Sprachen führt[22]. Er wird als Vorgang beschrieben, in dem die autochthone (vermeintlich minderwertige, weil archaische) *langue dominée* von der (vermeintlich überlegenen, weil „zivilisierten") *langue dominante* verdrängt und schließlich vernichtet wird.

Allerdings war es sicherlich nicht die vermeintlich überlegene Kultur oder gar die angeblich logische Struktur der lateinischen Sprache, die für ihre Verbreitung im gesamten Imperium sorgte. Vielmehr führte die Überlegenheit der römischen Legionen mit ihren stärkeren Waffen zur sprachlichen Kolonialisierung, die bessere Organisation einer effizienter operierenden Ökonomie und die besseren Machtbewahrungsmechanismen Roms, zu denen in der Spätzeit auch noch das Christentum als sprachkolonisatorischer Motor hinzukam. So sind die Ursprünge der romanischen Sprachen nicht einfach im Vulgärlateinischen zu suchen, sondern vor allem in den anderen Konstituenten, die dem gesprochenen Latein und schließlich dem Protoromanischen seinen sozialen, politischen und kulturellen Kontext gegeben haben.

Zu einem bestimmten Zeitpunkt - in der Alten Romania ist das 6. Jh. anzunehmen - ist die Distanz zur Norm der klassischen Schriftsprache so groß, dass man allmählich von einer lokalen Eigenständigkeit sprechen kann: Die proto-romanische Phase setzt ein. Ab dem 9. Jh. ist diese Eigenständigkeit so weit gefestigt, dass das klassische Vorbild der lateinischen Schriftsprache nicht mehr verstanden wird. Auch die Kirche erkennt, dass sie dem Volk ihre Heilsbotschaften kaum noch mit dem Lateinischen vermitteln kann. Im Jahr 813 wird mit dem Konzil von Tours für den missionarischen Auftrag (Predigten) der Gebrauch der Volkssprache, der

---

[22] Calvet 1974

rustica romana lingua, festgeschrieben. Dies gilt als Beleg dafür, dass spätestens zu diesem dokumentierbaren Zeitpunkt aus einer hypothetischen proto-romanischen Phase die romanischen Sprachen (Altfranzösisch, Altspanisch, Altitalienisch, Altprovenzalisch etc.) hervorgegangen waren und sich in ihrer dialektalen Vielfalt etabliert hatten.

Die Varietäten des gesprochenen Latein waren von ihren allerersten Anfängen an in Latium zahlreichen dialektalen Interferenzen und Kontakten mit anderen Sprachen ausgesetzt. Sie haben sich also in einer von varietätenbildenden Einflüssen geprägten Umgebung entwickelt.

Man muss sich daher von dem historisch überlieferten Begriff "des" Lateinischen lösen, wie er in der Gestalt der durch die klassische Literatur übermittelten Schriftsprache geläufig ist. Man hat es von Anfang an mit einem Nebeneinander von Varietäten des gesprochenen Latein und zahlreichen anderen Idiomen zu tun. Dies erklärt das facettenreiche Nebeneinander von konvergenten und divergenten Strukturen in der Romania.

3.4 Das Nebeneinander aus soziosemantischer Sicht

Aktuelle Beispiele zum Verständnis des romanischen Sprachwandels im kolonialen Kontext aus heutiger Sicht bieten sich in der Frankophonie des subsaharischen Afrika.

Untersuchungen zum Sprachwandel im französischsprachigen Afrika[23] verdeutlichen, in welchen soziosemantischen Bereichen er sich abgespielt hat. Hierbei handelt es sich um Kommunikationsdomänen, in denen sich ganz überwiegend entweder typisch koloniale Termini etabliert haben oder aber sich die autochthone Kultur gegenüber der implantierten Fremdkultur durchgesetzt hat, weil sie etwas entgegenzusetzen hatte, was die letztere nicht oder nur ungenügend kannte. Im interkulturellen Konflikt, der auch im Falle des römischen Sprachkolonialismus zu unterstellen ist, entstehen Entlehnungen und Veränderungen im Kontakt einer *langue*

---

[23] z. B. das IFA-Projekt zur Erstellung des Inventaire des particularités lexicales du Français en Afrique noire

dominante mit verschiedenen *langues dominées* insbesondere in folgenden 12 soziosemantisch relevanten Bereichen:

1. ***Vêtements et parures***, Kleidung und Schmuck
   z. B. *le boubou* (Kleidungsstück), *le coussin de tête* (Stoffstück zum Balancieren von Kopflast), *le cauri* (Muschelschmuck), *le gonfreville* (tissu de cotton benannt nach dem Gründer der 1. Textilfabrik Westafrikas, Robert Gonfreville), *le pagne* (Bunter Stoff und Batikähnliches Kleidungsstück), *le tapa* (aus Rindenbast hergestellter Stoff)
2. ***Maisons et construction***, Haus und Bauwesen
   l' apatam (Palmdachhütte, < portug.), *la cantine* (Verkaufsbude von Kleinhändlern auf Märkten) , *la concession* (Bauparzelle), *une maison en dur* (fester Steinbau), *maison lotie* (offizieller Hausbau auf legaler Parzelle) *une case à banco* (Lehmziegelbau), *maison en demi-dur* (Lehmziegelbau)
3. ***Cuisine et repas***, Küche und Speisen
   ananas de brousse (Heilpflanze : Thonningia sanguinea), *arachide* (cacahuète), *aubergine* (keine Aubergine, sondern ein tomatenähnliches Gemüse bitteren Geschmacks), *calebassier* (Crescentia cujete), *datte* (*datte du blanc*, die nach Europa exportierten Datteln), *le foufou* (Mais- oder Maniokbrei), *la graine* (noix de palme; auch: Erdnuss)
4. ***Marché, magasins, commerce***, Markt, Geschäfte, Handel
   le commerce (magasin européen), *la chaîne-avion* (frisch importierte Ware – par avion - wird hier angeboten), *le tablier* (Straßenhändler), *le libanais* (Händler)
5. ***Ecole et vocabulaire scolaire***, Schule und schulisches Vokabular
   le CAFOP (Lehrerbildungsanstalt für enseignement primaire), *cafopien, -ne* (Elève d´un CAFOP) *un,e certifié,e* (Primarschulabgänger/in), *le breveté* (Titulaire du Brevet d´Etude du Premier Cycle), *le taille* (taille-crayon), *l'écritoire* (tout matériel qui sert à écrire ; Schreiberling), *le protège* (Schutzumschlag für Bücher und Hefte)
6. ***Route et transport***, Straße und Transport
   le pick-up, le mille-kilos (Véhicule automobile de 1000 kg de charge,

aménagé pour le transport des voyageurs), *la piste* (nicht asphaltierte Straße, Überlandstraße), *le taxi-brousse* (Überlandtaxi ohne Taxometer), *la bâchée* (camionnette bâchée aménagé pour le transport en commun des voyageurs à l'intérieur du pays)

7. ***Champs et cultures***, Felder und Aufzucht

   banane (Kochbanane), *décortiquer* (Erdnüsse schälen), *le coprah*, *le cajou* (cashew-nut), *la machette* (*coupe-coupe*)

8. ***Animaux, pêche, chasse, paysage***, Tiere, Fischerei, Jagd, Landschaft

   la biche (Antilope, Gazelle), *l'achatine* (escargot), *la biche-cochon* (kleine Antilope), *le brochet* (Meeresfisch – Sphyraena), *la caille*, *fausse-caille* (terme générique désignant de petits oiseaux terrestres), *le capitaine* (wohlschmeckender großer Flussfisch : Lates niloticus) *le filao* (Konifere, Casuarina equisetifolia), *le kokoman* (essbare Baumfrucht)

9. ***Jeux et fêtes***, Spiele und Feste

   l'awalé (weit verbreitetes afrik. Brettspiel), *le bruiteurs* (Musikanten), le balafon (< mandigue : balafong ; afrikanisches Schlaginstrument, ähnlich dem Xylophon)

10. ***Artisanat et métiers***, Handwerk und Berufe

    le boy (les domestiques sont classés par catégories en fonction de leur compétence : *boy-cuisinier cinquième catégorie*), *boyesse* (Bonne à tout faire) , *le manœuvre* (Tagelöhner, Handlanger), *les Nago(s)* (< Name einer Yoruba-Ethnie : commerçant, colporteur), *la matrone* (einheimische Hebamme), *le planteur* (garçon de bureau), *le planton* (garçon, travail de bureau

11. ***Famille, société, vie morale***, Familie, Gesellschaft, Moral

    le broussard (qui vit dans la brousse), *le campement* (lieu d'hébergement situé en dehors des grands agglomérations), *la chaise* (siège sacré, Häuptlingsthron), *la coépouse* (l'une des femmes d'un polygame) *faire coco taillé* (den Schädel rasieren, Zeichen von Trauer), *le devin* (animistischer Hexer, Seher), *demander la route* (demander à son hôte l'autorisation de prendre congé), *la dot* (compensation matrimoniale versée, selon la tradition, Brautpreis = Sozialversicherung für die Frau) *donner les nouvelles* (après les premières salutations, donner des renseignements plus ou moins précis sur le lieu d'où l'on vient et les gens qui y vivent : ritualisiert), *la famine* (raréfaction des produits alimentaires de base, en particulier entre deux récoltes), *frère* (tout homme avec lequel on se sent des liens communs), *marâtre* (épouse du père autre que la mère), *le marabout* (musulman respecté, maître d'une école coranique), le *palabreur* (Schwätzer, trouble-maker).

12. *Maladie et hygiène*, Krankheit und Hygiene

les crocros (tropische Hautkrankheit), *la puce, puce djique* (puce femelle fécondée qui s'introduit sous la peau de l'homme ou des animaux), *cure-dents, frotte-dents* (bâtonnet dentaire, Zahnbürstenersatz), *une douchière* (Bad oder Dusche außerhalb), *le pourghère* (Abführmittel und Abtreibungsmittel), *la tsétsé* (mouche tsétsé).

In der Tat lässt sich in genau diesen Bereichen, die den Kontakt zwischen autochthoner und kolonialer Kultur dokumentieren, auch ein Großteil der Differenzierungen in der Romania feststellen, die das Profil der romanischen Einzelsprachen ausmachen und die für divergente Strömungen in der Interkomprehension verantwortlich sind.

Der Sprachwandel geht jedoch nicht nur auf einer einzigen hypothetischen Ebene zwischen Kolonialsprache und dominierter Sprache vor sich. Vielmehr bietet sich – wie das Beispiel der Côte d'Ivoire zeigt – ein breites Spektrum von möglichen Varietäten an, die je nach Bildungsgrad der Sprecher miteinander konkurrieren.

Anhand des nachfolgenden standardfranzösischen Satzes 1 lassen sich die Varietätenbildungen nachvollziehen, die zusammen das sprachliche Kontinuum des Französischen in mehrsprachiger Umgebung ausmachen. Auch hier ist eine Quelle für Divergenzen in der Interkomprehension auszumachen:

    1. il serait nécessaire de déplacer ce véhicule
    2. il faut pousser l'auto
    3. faut pousser la bagnole
    4. faut pousser camion (là)

5. *naka pousser camion là*
6. *aka mobili pousser*
7. *aka mobili nyoni*
8. *ke gi le ke èè (ça veut que pousser l'auto)*

Der erste Satz entspricht dem metropolitanen Französisch, das an der Elfenbeinküste bei höchstem Bildungsabschluss beherrscht wird. Satz 2 wäre auch in Frankreich möglich, in Satz 3 wird das Argotwort *bagnole* verwendet. Satz 4 dokumentiert bereits eine afrikanische Ausdrucksweise, die durch *naka* (*il n'y a qu'à*) verstärkt wird. Variante 6 verdeutlicht den Bildungsabstand des frankophonen Sprechers. In Satz 7 ist bereits der lexikalische Einfluss des afrikanischen Dyoula erkennbar. Bei Satz 8 handelt es sich um eine autochthone afrikanische Sprache.

Die gezeigten Beispiele und eine Vielzahl weiterer möglicher Vergleiche mit aktuellen Sprachkontaktsituationen in «kolonisatorisch romanisierten» Ländern der Frankophonie, der Hispanophonie und der Lusophonie, der *Neuen Romania*, zeigen deutlich, dass sich stets ein sprachliches Kontinuum entwickelt, das ein Nebeneinander von verschiedenen Varietäten einschließlich kreolsprachlicher Idiome zur Folge hat.

3.5 Aspekte romanistischer Terminologie

Die Geschichte der Romania kann als ein kontinuierlicher Prozess der Ausbreitung des gesprochenen Latein, seiner Kreolisierung und der Verdrängung autochthoner Sprachen begriffen werden. Dabei prägen die dem Verdrängungsprozess unterliegenden Sprachen deutlich das sich weiterentwickelnde Protoromanische.

In den Einführungswerken zur romanischen Sprachwissenschaft wird die Entstehung der romanischen Sprachen im allgemeinen als Vorgang der Ausbreitung des Lateinischen dargestellt[24], ohne dass dieser Prozess weiter problematisiert wird.

Bereits die Verwendung des Ausdrucks *Romanisierung* ist jedoch nicht unproblematisch. Die romanische Philologie beschreibt mit diesem

---

[24] statt vieler s. z.B. Vidos 1968, S.201 ff. und Pöckel 1994, S.7 f.

Terminus die Inbesitznahme des Territoriums, das die *romani*, die Bewohner Roms, und später alle Bewohner des Römischen Reiches mit Hilfe eines effizienten zentralisierten Verwaltungsapparats und einer Armee eroberten und beherrschten. Der Name *Romania* ist also aus einer zunächst ethnischen, dann politischen Bedeutung des Adjektivs *romanus* abgeleitet. Es ist das Territorium des Imperium Romanum, das noch lange nach seinem politischen Untergang eine schriftsprachliche und kulturell-zivilisatorische Überdachung[25] bot und schließlich Heimstätte der immer eigenständiger werdenden, miteinander verwandten protoromanischen Sprachen wurde. Das Adjektiv *romanicus* (auf römische Art) diente fortan zur Bezeichnung der gesprochenen Sprachen des zerfallenen Imperiums. Lediglich dort, wo ein fester Staatsverband fehlte oder sich erst sehr spät und überregional entwickelte, erhielt sich die Bezeichnung *romanus* im ethnisch-sprachlichen Identifikationssinn und konnte noch an Bedeutung gewinnen: Die Rumänen und die Rätoromanen haben den Terminus *romanus* als politisch-ethnische Bezeichnung erhalten und in der Bezeichnung des Dolomitenladinischen ist sogar das Wort *latinus* bewahrt.

Die Eroberungen Roms waren politischer und ökonomischer Art. Rom hatte trotz seines politischen Sendungsbewusstseins nie die Absicht, über die militärisch-ökonomische Unterwerfung hinaus die Völker mit Gewalt sprachlich, kulturell oder religiös zu assimilieren, dennoch war der Prozess der Romanisierung ein sehr effizienter: Welches waren die Faktoren, die diese «Romanisierung» so rasch vorantrieben?

Wichtigstes «Werkzeug» war zunächst das römische Heer, das in dem jeweils neu eroberten Gebiet stationiert wurde. Im gesamten Verwaltungs- und Verhandlungsbereich mit den Behörden des römischen Staats war das Lateinische offizielle Sprache. Das römische Recht war Maßstab der Rechtsprechung. Die alten lokalen Herrschaftsstrukturen versuchten oftmals durch freiwillige Assimilation ihre Vorrechte zu behaupten. So «übernahm» die gallische Aristokratie im eigenen Interesse das Lateinische und schickte ihre Kinder nach Italien, von wo sie noch stärker roma-

---

[25] z.B. durch die Rechtsprechung, aber auch die christliche Religion

nisiert wiederkamen. Siedelnde Veteranen und fraternisierende Legionäre haben ihren Beitrag zur Romanisierung geleistet, ebenso Kaufleute, Grundbesitzer und Beamte der römischen Verwaltung.

Eine Reihe der Kontaktsprachen konnte der Expansion Roms nur kurz widerstehen. So sind Sprachen wie das Oskische in Kampanien, das Iberische im Nordosten Spaniens, das Gallische in ganz Frankreich, Belgien und Oberitalien allmählich vom Lateinischen verdrängt und vernichtet worden.

Termini wie *Substrat-*, *Adstrat-* und *Superstratsprachen* werden in der romanischen Philologie gemeinhin eingesetzt, um den technologischen Ablauf der im eigentlichen Sinne kolonialen Vorgänge zu beschreiben. Sie greifen jedoch zu kurz: Das Interesse muss sich auf die Frage nach den Gründen, warum eine Sprache zum Substrat und eine andere zum Superstrat wird, richten. Es wäre höchst problematisch, in der Neuen Romania etwa eine afrikanische Sprache gegenüber dem Französischen als Substratsprache zu bezeichnen. Ein Linguist, der solcherlei Termini benutzte, stünde zurecht in neokolonialistischem Verdacht. Erst die Beschäftigung mit parallelen Vorgängen der Unterdrückung moderner Minderheitssprachen in Europa und Sprachkolonialismus in der Neuen Romania schärfen den Sinn für die Problematik der Verwendung der genannten Bezeichnungen.

Auch die Verwendung des vermeintlich wertneutralen Ausdrucks *Superstratsprachen* ist zu überdenken. Als Superstratsprachen bezeichnet man z.B. die germanischen Sprachen wie das am Niederrhein, in linksrheinischem Gebiet und in Nordgallien gesprochene Fränkische, das Langobardische oder auch das Gotische. Diese Sprachen wurden durch die Völkerwanderung ausgebreitet, verdrängten andere autochthone Sprachen und «überlagerten» sie, wurden letztendlich aber dann doch von der romanischen Tradition aufgesogen.

Auch der Terminus Adstrat - das Nebeneinander von Sprachen für eine gewisse Zeit und ihre wechselseitige Beeinflussung - sagt nichts über die immer mit derlei Vorgängen verbundenen Konflikte aus.

Die Grenzen zwischen den Straten werden immer fließend sein, die Abgrenzung schwierig. Die Termini sind nicht dazu geeignet, die eigentlichen sprachkolonialen Vorgänge zu beschreiben, sondern simplifizieren die für eine Analyse notwendigen exakten Abläufe und verschleiern sie dadurch.

Koloniale Vorgänge, beispielsweise die administrative und verkehrstechnische Erschließung der eroberten Gebiete, könnten besser in Bezug auf ihre sprachlich-kulturellen Auswirkungen beschrieben werden, sähe man sie nicht durch die positivistische Brille der Standardlehrwerke der Romanistik.

Die Römerstraße, die Frankreich von Osten nach Westen durchquerte, läuft etwa parallel zur heutigen Sprachgrenze zwischen den französischen und den okzitanischen Sprachgebieten. Die Donaugrenze ist heute noch eine wichtige sprachliche Trennungslinie, obwohl auf beiden Seiten der Donau Romanisierungsprozesse stattfanden. Auch die drei großen Spracheinteilungen Italiens korrespondieren mit dem ehemaligen Sitz der Kelten, der Italer und der Etrusker: hier setzt sich bis heute die vorromanische Einteilung in der sprachlichen Differenzierung fort.

Die exakten Auswirkungen der Verkehrswege und kulturellen Radiationszentren auf die Entwicklung der romanischen Sprachen sind, vermutlich mangels methodischer Vorbilder, bis heute noch nicht hinreichend erforscht.

In der Neuen Romania, wie auch in den Regionen der Anglophonie, bietet sich eine ungeheure Datenfülle und exakte Studiensituationen, die Auskunft über die Interdependenz von Verkehrswegen und sprachlicher Ausbreitung geben können.

Die Expansion des Französischen und des liNgala auf dem Verkehrsweg des Kongoflusses kann beispielsweise noch heute anhand einer Untersuchung zu den multiethnischen Passagieren und den wirtschaftlichen Aufgaben des *Courier de fleuve* (Linienboot und einziges überregionales Verkehrsmittel) nachvollzogen werden.

Die Verbreitung des motor-park-english entlang der Verkehrswege Nigerias, die Rolle der Eisenbahn bei der Ausbreitung überregionaler Verkehrssprachen und des Französischen in Togo können als parallele Studienobjekte zur aktuellen Neuen Romania dabei helfen, die fehlenden Informationen zur Genese der Alten Romania zu rekonstruieren, die Entwicklung besser zu verstehen, sie neu zu bewerten und damit Forschungslücken zu schließen.

Der Prozess der Romanisierung kann aus heutiger Sicht nur dann effizient untersucht werden, wenn aus einer Vielzahl aktueller Einzeluntersuchungen zu Korrelationen zwischen sprachlicher Expansion und ihren Parametern Ergebnisse erzielt werden, die es ermöglichen, methodisch exakter vorzugehen, als dies bisher der Fall war.

Die Handbücher sind sich einig in der Bedeutung, die der Christianisierung im Verlauf der Romanisierung zukommt. Das Christentum hat durch die kirchlichen Bezirkseinteilungen die Verkehrs- und Kommunikationsverbindungen gleichermaßen begünstigt wie behindert[26]. Auch in diesem Bereich bestehen Forschungsdesiderate, die durch eine genauere Untersuchung der Gegebenheiten in der Neuen Romania Stimuli erhalten könnten. Die Diskrepanz zwischen der altkirchenslawischen Tradition in Rumänien und der (kirchen-) lateinischen Tradition im Rest der Romania ist bisher nur in lexikalischen Studien untersucht worden. Soziosemantische Schlüsse sind hieraus bisher noch nicht gezogen worden. Der sprachliche Einfluss beispielsweise der Institution der Pilgerreise nach Santiago, die Millionen von Gläubigen angezogen hat, ist ebensowenig hinreichend untersucht worden wie die sprachlichen Auswirkungen der abendländischen Kreuzzüge nach Jerusalem und deren kommunikativer Nachwirkungen. Die Romanistik hat sich in diesem Bereich allzusehr auf die hispanische Reconquista und ihre sozialpolitischen und kulturellen Auswirkungen einschließlich der Epenbildung beschränkt.

Das Studium der Sprachentwicklung in der Neuen Romania ermöglicht ein deutlich verbessertes Verständnis der Vorgänge in der Spätantike. Besonders wertvolle Einsichten bieten dabei die Analysen kreolsprachlicher Entwicklungen. Sie sind von entscheidender Hilfe für das Nachvoll-

---

[26] siehe z.B. Vidos 1968, S. 275 ff. zum Verkehr u. S. 284ff. zum Christentum

ziehen der Entwicklung des Protoromanischen, da sie es ermöglichen, auch für die Untersuchung der Entstehungsphase der romanischen Sprachen soziolinguistische Fragestellungen zu entwickeln, die ohne den Vergleich mit der Moderne kaum zu beantworten wären.

4. Vulgärlatein - ein Fall von Kreolisierung?

Ist der Ursprung der romanischen Sprachen ein Fall von Kreolisierung[27]?

In der Literatur ist die Beantwortung dieser Frage umstritten. Erschwert wird sie durch die Schwierigkeit der definitorischen Abgrenzung des Begriffs «Vulgärlatein». Er ist definitorisch eine Fiktion. Dennoch sind partielle Aussagen über die sprachliche Genese der Eigenständigkeit in einzelnen vulgärlateinischsprachigen Regionen möglich.

4.1 Meinungsstand

Einige Sprachwissenschaftler sehen im Vorläufer des Französischen eine Kreolsprache: „*Le français est issu d'un tel sabir*"...[28]. Es wird als „*un créole qui a eu de la chance*"[29] definiert.

Andere lehnen dies strikt ab. Sie stellen vielmehr fest, dass es keine Ansätze für eine Parallele zur Kreolsprachenentwicklung gibt, schließlich sei von gebildeten Galliern das „*ganze Latein*" aufgenommen und zum Französischen entwickelt worden[30]. Diese These wird in Anlehnung an Jespersens Kontinuitätshinweis, wonach es keinen Bruch in der Entwicklung der romanischen Sprachen gegeben habe, gestützt[31].

---

[27] Die Einführung von Stein 1984 gibt einen systemlinguistischen Überblick und Einblicke in Theorien und historische, soziale u. politische Hintergründe
[28] Sauvageot 1967, S. 76
[29] Pérégo 1968, S. 617
[30] Cohen 1972, S. 48
[31] Hall jr. 1974, S. 74

Einen sehr guten Einblick in die Problematik gibt ein Beitrag von Brigitte Schlieben-Lange[32], der die wesentlichen Argumente des pro und contra zusammenträgt, auch wenn die Autorin zu dem Schluss kommt, dass es sich *nicht* um einen eindeutigen Fall von Kreolisierung handelt:

"The varieties of Latin we have discussed, and also our reconstructed Proto-Romance, were «full-sized» languages, i.e. they had a complete phonological, morpho-syntactic, and lexical repertory. In addition, there probably existed various pidginised versions of latin, spoken wherever Romans came into more or less temporary contacts with non-romans, especially along the borders in military camps and in markets. It would be strange if such pidgins had not arisen."

4.2 Sprachliches Kontinuum und Interkomprehension

Aufgrund der soziolinguistischen Erfahrung aus Vergleichsfällen in der Neuen Romania ist für die Existenz von Pidgins und Kreolsprachen im Imperium Romanum zu plädieren. Neben den bestehenden autochthonen Sprachen ist ein sprachliches Kontinuum zwischen Varietäten des gesprochenen Latein und kreolisierten Idiomen anzunehmen.

Es stellt sich die Frage, ob deren Präsenz wirklich nur so marginal war und auf Grenzen, Militärcamps und Märkte beschränkt blieb. Hierzu ist letztlich die Intensität der römischen Herrschaft in den einzelnen Provinzen eingehender zu untersuchen. Das Verhältnis zwischen der gesprochenen Sprache römischer Siedler in den Städten zu der autochthonen und nur allmählich und auf jeden Fall später assimilierten Landbevölkerung ist dabei ebenso zu analysieren wie die soziolinguistische Rolle der römischen Garnisonen, in denen Interkomprehension praktiziert wurde. Wie multilingual war ihre Zusammensetzung? Welche sprachliche Rolle spielten die zahlreichen «Ausländer» in einer Provinz, wie romanisiert waren der syrische Händler, der gallische Feldarzt und der griechische Architekt, die etwa in der Provinz Dakien ihr Dasein fristeten? Es ist zu bezweifeln, dass sie an dem (sicherlich bei wenigen Menschen vorhandenen) vollständigen

---

[32] in Meisel 1977, S. 81-101

phonologischen, morphosyntaktischen und lexikalischen Repertoire des Lateinischen einen so hohen Anteil hatten, dass sie als kompetente Sprecher des Lateinischen bezeichnet werden können.

Die multilinguale Situation im Imperium Romanum lässt annehmen, dass die mit Sicherheit vorhandenen reduzierten Kontaktidiome (*Pidgins*) in vielen Regionen zu kreolischen Idiomen wurden, die sich auf Grund der Distanz zur römischen Norm in der Masse der analphabetischen und sprachlich nur allmählich assimilierten Bevölkerung etablierten.

Studien im Rahmen der Neuen Romania und der Kreolistik zeigen, dass es für das Entstehen von Pidgin- und Kreolsprachen eine ganze Reihe von gemeinsamen Voraussetzungskriterien gibt. Gleichzeitig verdeutlicht der Vergleich zwischen Normsprache und Kreolsprache Gesetzmäßigkeiten, die universalen Charakter zu haben scheinen. Wenn diese Voraussetzungskriterien und (universalen) Gesetzmäßigkeiten sich auf die Entstehungsphase der vulgärlateinischen Varietäten generell anwenden lassen und in Bezug auf eine Regionalvarietät verifizierbar sind, kann man durchaus von sprachlichen Kontinuumsituationen in der entstehenden Romania ausgehen: Mehrsprachigkeit, Kreolsprachenbildung und das Phänomen nähesprachlicher Interkomprehension sind – wie in der Neuen Romania deutlich wird – notwendiger Bestandteil dieses Kontinuums.

Im Folgenden wird eine solche Voraussetzungssituation am Beispiel der *Entwicklung des frankomauritianischen Kreol* beleuchtet. Eine Analyse der *sozialen Verhältnisse in Rom* führt dann generell in das sprachliche Umfeld des kaiserlichen Rom ein, um danach die *sprachliche Situation* in der römischen Provinz *Dakien* analysieren zu können.

5. Genese und Struktur einer Kreolsprache: Frankomauritianisch

Die Genese des Frankomauritianischen, einer modernen, aus dem Französischen im Kontakt mit lokalen Sprachen entstandenen Kreolsprache, kann als Grundlage für die «Rekonstruktion» der Entwicklung des gesprochenen Latein dienen.

Für den lateinischsprachigen Vielvölkerstaat des Imperium Romanum stehen aus der historischen Distanz heraus nicht die notwendigen Daten zur Verfügung, die die soziolinguistisch relevanten Fragen beantworten können, *wer wann wo* und *unter welchen Umständen welche Sprache wie* gesprochen hat. Es wird daher versucht, einen Vergleich mit einer Entwicklung der jüngsten Vergangenheit vorzunehmen, über die eine Fülle von Daten vorliegt.

Dabei wird davon ausgegangen, dass die *Entstehungsvoraussetzungen für Sprachwandel* in einem Vielvölkergebilde bestimmten Gesetzmäßigkeiten unterworfen sind. Der zeitversetzte Untersuchungsgegenstand wird hier auf den Fall einer kleinen Insel limitiert, die über das Medium der französischen Sprache romanisiert wurde, die Insel Mauritius im Indischen Ozean. Das hier implantierte Französisch hat sich in wenigen Jahrhunderten zu einer eigenständigen Kreolsprache, dem Frankomauritianischen entwickelt. Es wird untersucht, welche soziolinguistischen Faktoren maßgeblich für diesen Sprachwandel waren. Im Gegensatz zu dem Sprachwandel der Alten Romania (Imperium Romanum) ist in der Neuen Romania ein Großteil der notwendigen Daten vorhanden, die den sozialen, kulturellen und ethnischen Hintergrund des Sprachwandels vor Augen führen können. Auf diese Weise wird er nachvollziehbar und kann beschrieben werden. So gibt etwa die Zusammensetzung der Bevölkerung auf Mauritius und ihre Entwicklung Auskunft über den Grad der Vielsprachigkeit und damit auch über das Maß an Bereitschaft, eine Sprache wie das Französische in allmählich veränderter Form zu akzeptieren. Untersuchungen zur Verbreitung französischsprachiger und anderer Medien und soziolinguistische Analysen zur Kommunikation der Inselbewohner in verschiedenen Sprachverwendungssituationen verdeutlichen, wie sich Sprachwandel sozusagen synchron vor unseren Augen abspielt.

Für das bessere Verständnis der sprachlichen Situation ist es unabdingbar, sich zunächst die Parameter anzusehen, die Einfluss auf die heutige kommunikative Situation des Frankomauritianischen genommen haben:

5.1 Wirtschaftsdaten – Parameter der Sprachentwicklung [33]

Mauritius ist eine Insel im Indischen Ozean und umfasst 1865 km² (64 km lang und 47 km breit). Sie hat etwa 1 059 000 Einwohner, die Insel Rodrigues eingeschlossen, und gehört zu den am dichtesten besiedelten Agrarländern der Welt.

Hauptwirtschaftskraft ist neben dem Tourismus (61%) die zuckerverarbeitende Industrie (33%). Zuckerrohrmonokulturen bestimmen die Landwirtschaft (9%), in der 14% der Erwerbstätigen beschäftigt sind, 28% in der Industrie und 48% im (v.a. touristischen) Dienstleistungsgewerbe.

Ein weiterer wichtiger Industriezweig ist die Textilindustrie, es bestehen außerdem seit 1970 für das ausländische Kapital günstige «Freihandelszonen», sog. Export Processing Zones. Wichtigster Exportatikel ist mit 61% Bekleidung, daneben werden vor allem Zuckerrohrprodukte exportiert (21%).

5.2 Bevölkerungsdaten – Die Sprecher

Die Bevölkerung setzt sich hauptsächlich aus Indo-Mauritianern zusammen (zu 68,4%), davon sind 52,5% Hindus und 16% Moslems; 30% der Bevölkerung gehören dem christlichen Glauben an. Es gibt keine Staatsreligion.

Weiße, Farbige und Kreolen bilden die sog. «population générale», die 28,7 % der Gesamtbevölkerung darstellt. Davon sind 27% Kreolen und 3% Frankomauritianer. Schließlich gibt es noch 2,9 % Sinomauritianer.

Zwischen ethnischer Zugehörigkeit und Arbeitsbereich bestehen häufig hohe Korrespondenzen: 90 % der Landarbeiter, Farmer und Gärtner sind Inder; 75-80 % der gelernten Arbeiter und Handwerker sind Kreolen und auch 68 % der Hafenarbeiter und Lehrer; 61 % der Ladeneigentümer und 82 % der Verkäufer im Einzelhandel sind Chinesen. Einen weiteren hohen Anteil im Handel - hauptsächlich im Außenhandel - stellen die moslemischen Inder. Verwaltungs- und akademische Stellen wurden vor

---

[33] es handelt sich hier um Daten aus dem Jahre 1990, zitiert nach dem Fischer Weltalmanach 2001

der Unabhängigkeit hauptsächlich von Frankomauritianern und Kreolen eingenommen. Der indische Einfluss in diesem Bereich nimmt zu: die Inder stellen heute einen großen Teil der Beamtenschaft, Lehrer, Rechtsanwälte und Ärzte.

Landbesitzer, Großplantagenbesitzer und Betreiber von Zuckerrohrfabriken sind neben ausländischen Kapitalgruppen vorwiegend Frankomauritianer.

Die Analphabetenrate liegt bei den Frauen bei 20%, bei den Männern bei 13%.

5.3 Sprachenverteilung und Genese des Kreolischen

Bereits seit 1810 ist die offizielle Amtssprache *Englisch*, das aber nur von 3 % der Bevölkerung als Muttersprache gesprochen wird. Hauptsächlich wird es in Büros und Verwaltungsgebäuden gesprochen. Verträge und Formulare müssen in Englisch ausgefüllt werden. Die höhere Ausbildung und schriftliche Prüfungen erfolgen in Englisch.

Die offizielle Kultur des Landes ist sehr stark *französisch* geprägt. Die französische Sprache ist die Sprache der Oberschicht und wird von einem Teil der Kreolen und auch anderer Bevölkerungsgruppen gesprochen. Französisch wird neben dem Englischen an allen Schulen als Fremdsprache gelehrt, die meisten Menschen können sich darin jedoch nur mündlich ausdrücken. Nur die gebildete Schicht hat sich auch die französische und englische *Schriftsprache* angeeignet. Den im Alltag normalerweise französisch sprechenden Bevölkerungsteil schätzt man auf 8 %.

Über die Hälfte der mauritianischen Bevölkerung spricht *kreolisch*, verstanden wird es von fast allen. Kreolisch gilt als die Umgangssprache (lingua franca) zwischen den Bevölkerungsgruppen, da eine Interkomprehension zwischen den typologisch voneinander abweichenden indischen Sprachgruppen und den übrigen Gruppen nicht möglich ist.

Kreolisch entstand aus der Notwendigkeit der Kommunikation der afrikanischen Sklaven heterophoner Provenienz untereinander. Familien und Gruppen mit gleicher muttersprachlicher Herkunft wurden oft gewollt auseinandergerissen, um Aufstände und Widerstand zu erschweren. Aus der "Kommunikation" mit ihren "Herren", den französischen Plantagenbesitzern und Aufsehern, entstanden elementare und restringierte Systemteile. Das so entstandene Idiom entwickelte sich weiter, passte sich den sozialen Beziehungen und deren Struktur an, um schließlich allen sozialen und kommunikativen Bedürfnissen der Menschen dieser Insel gerecht zu werden. Doch die Tatsache, dass diese Sprache heute im Alltag überwiegend benutzt wird, heißt noch nicht, dass auch die Schriftsprache beherrscht wird. Die Mündlichkeit ist dominant. Erschwerend kommt hinzu, dass das Kreolische auf Mauritius verschiedene Transkriptionsverfahren kennt. Erst in der letzten Dekade des 20. Jh. kann man durch das französische Fernsehen von La Réunion (die Nachbarinsel ist französisches Département d´outre-mer) und die Satellitensender einen verstärkten Einfluss des metropolitanen Französischen und eine damit verbundene Décreolisation beobachten. Es gibt ferner in jüngster Zeit Bestrebungen, das Kreolische neben dem Englischen (und vielleicht auch dem Französischen) in den Rang einer Amtssprache zu erheben.

33% der Bevölkerung sprechen Bhojipuri, 5% Tamil, 4% Urdu und je 2% Chinesisch und Urdu. Interkommunikation zwischen den indischen Sprachen besteht nicht. So sind auch die Inder oft gezwungen, untereinander oder gegenüber anderssprachigen Bevölkerungsteilen auf eine weitere Sprache zurückzugreifen. Dies kann das Kreolische, das Französische oder das Englische sein. Die gebildete indische Schicht neigt dem Englischen als literarischem Medium zu. Das Kreolische gewinnt hier zunehmend an Terrain.

Circa 40% der *Chinesen* sprechen eine chinesische Sprache innerhalb der Familie. Dies ist meist *Kantonesisch* oder *Hakka*. Die chinesische Hochsprache - das *Mandarin* - ist auch für sie meist Zweitsprache, es sei denn, sie kommen aus nordchinesischen Provinzen.

Die kulturelle und ethnische Vielfalt der Insel stellt eine typische Voraussetzungssituation für das Entstehen einer Kreolsprache dar.

Zweifellos war durch die Einwanderung französischer Siedler und die damit begründeten kolonialen Besitzverhältnisse das Französische prädestiniert zur dominierenden Sprache.

Im Vergleich mit der Antike entspricht die Rolle des auf die Insel importierten Französisch also etwa der des in Gallien oder Dakien implantierten Latein der Eroberer.

Das Französische der entlegenen Insel blieb von den Einflüssen des entfernten Paris weitgehend verschont. Zwar kamen immer wieder neue Verwaltungsbeamte aus dem Zentrum, doch eine sprachliche Innovation wurde dadurch nicht geschaffen.

Die Norm von Paris blieb in der Ferne. Mit ihr blieben auch die normbildenden Faktoren des intellektuellen Lebens, der Literatur, der gesellschaftlich relevanten Ereignisse, die Kontinuität der Schulung und andere das sprachliche Verhalten prägende Faktoren weit entfernt. Dennoch bestand die Notwendigkeit zur Erfüllung aller kommunikativen Bedürfnisse.

Die Kolonialisatoren mussten zunächst mit den aus Afrika und Madagaskar importierten versklavten Arbeitskräften kommunizieren. Freilich war dies eine sehr eingeschränkte Kommunikation zwischen Herren und Dienern, die an der Arbeitswelt und den täglichen materiellen Bedürfnissen orientiert war. Einen Hinweis auf die Beschaffenheit der Kommunikationssituation gibt beispielsweise das Fehlen des sozialdifferenzierenden *vous* in nahezu allen frankokreolischen Sprachen, ebenso die Dominanz von auf Imperative und Infinitive zurückgehende Formen des kreolischen Verbalinventars.

Aus dieser eingeschränkten Kommunikationssituation ergab sich zunächst eine Reduktion des Sprachinventars und seiner Strukturen bei den mündlichen Lernern. Die neue, multilinguale Zwangsgemeinschaft imitierte das Idiom der Kolonialisten mit dem Phoneminventar der eigenen Muttersprachen. Auf diese Weise entstand ein eingeschränktes Phonemsystem, das wiederum eine erhebliche Umstrukturierung des morphosyntaktischen Gefüges zur Folge hatte[34].

Eine Orientierung am Normsystem der Ausgangssprache war für die überwiegende Mehrheit der neuen Bevölkerung infolge des mangelnden

---

[34] siehe S.60 ff.

Bildungsinteresses der Herrschenden für die Beherrschten kaum möglich. Die soziale Abgrenzung der Herrschenden verhinderte eine sprachliche Selbstkontrolle: die Kommunikationssituationen blieben eingeschränkt und meist festgelegt. Dabei sprachen die Herrschenden selbst durchaus nicht die Normsprache des Hofes von Versailles. Sie benutzten ein populäres Französisch, das ihrer Region(en), mit zahlreichen dialektalen Beimischungen, weit entfernt von der standardisierten Schriftsprache. Schrift spielte außer auf Grabsteinen, Besitzurkunden und Auflistungen von Abgaben für die kolonialen Siedler überhaupt keine Rolle. Nicht nur die Beherrschten waren Analphabeten, oftmals waren es die herrschenden Siedler selbst ebenfalls.

Am Beispiel des Frankomauritianischen sind bei näherer Untersuchung der Sprache und der gesellschaftlichen Entstehungsvoraussetzungen alle sozialen und sprachlich relevanten Parameter ermittelbar, die für den Sprachwandel in einer Kolonie Bedeutung haben.

5.4 Entwicklung und Wandel vom Französischen zum Frankomauritianischen

Die nebenstehende Textprobe des Frankomauritianischen verdeutlicht, welchen Weg die gesprochene Sprache der Insel zurücklegte, nachdem sie sich aus dem französischen Idiom der Siedler im Kontakt mit den verschiedenen Ethnien weiterentwickelt hatte.

[Das im Text vorkommende *h* ist lediglich ein phonetisches Zeichen, das besagt, das der vorangehende Vokal nasal ausgesprochen wird.]

Zistwar en fu ki ti krwar li en lagren may.
Ti ena en bug. So lespri ehpe say-saye. Fam in trakase. Li 'n amen li get Dokter Rahztet. Larg li dah Brawn Sekward laba kot Dokter Rahztet. Dokter Rahztet dir: "Sa bug-la byeh malad. So lespri in byeh saye-mem." Bug-la ti krwar li en lagren may.
Sak ku li truv en pul li bure. Li moht lor zarb. Alor Dokter Rahztet don li tu kalite pikir lor pikir. In arahz so lespri byeh-mem. Dah sis mwa dokter al get li. Li dir. "Ki manyer. Aster u kone u nepli en lagren may." Li dir: "Wi dokter. Lohtah mo ti krwar mo en lagren may-mem, me aster mo kone mo nepli en lagren may." Dokter dir li: "U sir?" Li dir: "Wi. Sir sa. P'ena bare." Dokter sin so kart. Li trap so distyardy, ale. Apre en ti- mamah li

Story one mad that *ti* believe he one grane maize.
ti have one bloke. His mind somewhat skid-skid. Wife *in* worry. She´n bring him see Doctor Fixbrain. Release him in Brown Sequard there by Dr. Fixbrain. Dr. Fixbrain say: "That bloke-*la* very ill. His mind *in* wekk skid-same." Bloke-*la ti* believe he one graine maize.
Each time he find one hen he rush-off. He go-up on tree. So Dr. F. give him all kind injection on injection. *In* arrange his mind well-same. In six month doctor go see him. He say: "What manner? Now you know you no-longer one graine maize." He say: "Yes doctor. Long-ago I *ti* believe I one grain maise-same but now I know I no-longer one grain maize. Doctor say him:"You sure?" He say: "Yes. Sure that. Not have block. Doctor sign his card. He grasp his discharge,

> vini. Li galupa for-for. Li dir: Dokter. Dokter. Mo 'n zwan en pul. Mo 'n zwan en pul." Dokter Rahztet dir:" Be ki arive? U fek dir mwa aster u kone u nepli en lagren may. Ki arive?" Li dir: "Mwa, mo kone mo pa en lagren may. Me pulla kon sa li?"
>
> *Philip Baker, Kreol. A description of Mauritian Creole, London 1972, p.213.*

> go. After one *ti*-moment he come. He run hard hard. He say: "Doctor, Doctor. I'*n* meet one hen. I'*n* meet one hen." Dr. F. say: "*be* what happen? You just tell me now you know you nolonger one grain maize. What happen?" He say: "Me, I know I not one grain maize. But hen-*la* know that it?

Dieser frankomauritianische Text lässt sich mit Hilfe von Französischkenntnissen entschlüsseln. Der „englische" Text wurde daneben gesetzt, um die für die Interkomprehension wichtige kreative Auseinandersetzung mit der Ursprungssprache nicht zu beeinträchtigen. Die systematisierten Veränderungen des Phonemsystems sind dabei eine große Hilfe.

Geht man vom Französischen als Ausgangssprache aus, so sind zunächst einige wesentliche Veränderungen im Phoneminventar zu beobachten, die von weitreichender Folge für das gesamte System sind. Allerdings lassen sie die Interkomprehension zum Französischen weiterhin zu. Das Phoneminventar des Frankomauritianischen erscheint im Vergleich zur französischen Ausgangssprache deutlich reduziert, wie die folgende Übersicht verdeutlicht:

Vokale:				Konsonanten :			
Aussprache		Graphie		Aussprache		Graphie	
frz.	frm.	frz.	frm.	frz.	frm.	frz.	frm.
[i] >	[i]	vite >	vit	[ʃ] >	[s]	chapeau >	sapo
[y] >	[i]	cru >	kri	[s] >	[s]	cercle >	serk

EuroComRom: Historische Grundlagen 61

[e] > [e]		l' été >	lete	[ʒ] >	[z]	gencive	>	zahsiv
[ɛ] > [e]		mais >	me	[z] >	[z]	zéro	>	zero
[ø] > [e]		du feu >	dife	[ʷ] >	[w]	oui	>	wi
[œ] > [e]		jeune >	zen	[ɥi] >	[wi]	huit	>	wit
[ə] > [e]		jeter >	zete	[ɥi] >	[i]	lui	>	li
[a] > [a]		chat >	sat					
[ɑ] > [a]		du sable >	disab					
[ɔ] > [o]		donner >	done					
[o] > [o]		le dos >	ledo					
[u] > [u]		tout >	tu					
[ɛ̃] > [ɛ̃]		du vin >	diveh					
[œ̃] > [ɛ̃]		lundi >	lehdi					
[ã] > [ã]		enfant >	zahfah					
[õ] > [õ]		bon >	boh					

Die Reduktion des Phoneminventars hat einschneidende Folgen für die Morphologie der Sprache. So entsprechen dem kreolischen [e]-Laut fünf französische Phoneme: [e], [ɛ], [ə], [ø], [œ]. Allein diese nicht mehr vorhandene Differenzierung der verschiedenen E-Phoneme des Französischen blockiert die wichtigste Funktion des bestimmten Artikels, der im Französischen anhand der Opposition von *le* [lə] und *les* [le] für die Pluralmarkierung verantwortlich ist. Auch das französische Tempussystem kann nicht mehr funktionieren. Das reduzierte Phoneminventar des Kreolischen erfordert automatisch eine *Neuorganisation* großer Teile des morphologischen Systems: Es entsteht eine nach autonomen Kriterien strukturierte neue Grammatik, die nur noch wenige Ähnlichkeiten mit der französischen aufweist.

Hier die Neuordnung des kreolischen Tempussystems im Vergleich zum Französischen mit englischer Entsprechung:

Kreolsystem	Engl. Entsprechung	Frz. Entsprechung
mo mahze	I eat	je mange
mo pe mahze	I am eating	-- (je mange)
mo fin mahze	I have eaten	j'ai mangé
mo a mahze	I may eat	--
	I´ll eat (perhaps)	-- (je vais peut-être manger)
mo pu mahze	I will eat	je mangerai
mo ti mahze	I ate	je mangeais
mo ti pe mahze	I was eating	-- (je mangeais)
mo ti (fi)n mahze	I had eaten	j'avais mangé
mo ti a mahze	I would eat	je mangerais
mo ti pu mahze	I was going to eat	--
	I would have eaten	j'aurais mangé

Die ursprüngliche Reduzierung des Phonemsystems bringt also nicht zwangsweise auch eine Reduzierung des gesamten morphologischen und lexikalischen Systems mit sich, sondern erfordert eine *Neustrukturierung des gesamten Systems*, das dadurch sogar umfangreicher werden kann. Die wegfallenden phonemischen Oppositionen haben zur Folge, dass auch morphologische und syntaktische Phänomene nicht mehr in der Tradition der französischen Grammatik funktionieren können. Es entsteht ein eigensprachliches System, das sich von der ehemaligen Ausgangssprache völlig losgelöst hat. Vergleichbares ist bei der Analyse des Wandels vom klassischlateinischen zum vulgärlateinischen Phonemsystem zu beobachten[35].

Fasst man die Charakteristika für die Entwicklung einer Kreolsprache zusammen, so helfen die oftmals universal gültigen Kriterien beim Verständnis der Fragen danach, wie und warum aus dem gesprochenen Latein in den eroberten Provinzen eigenständige romanischen Sprachen entstanden sind.

Dabei ist zwischen sprachlichen und soziolinguistischen Merkmalen zu unterscheiden:

---

[35] siehe Kapitel 8.1, S. 80

Sprachliche Merkmale:

- Vereinfachung, Reduktion des Phoneminventars
- Neuorganisation von phonematischen Oppositionen
- Umstrukturierung und Ausbau einer Minimalgrammatik zu einer autonomen neuen Grammatik
- Erweiterung des Minimalwortschatzes durch lokale Neologismen, Entlehnungen aus autochthonen Sprachen und zunehmend Übernahme moderner Termini aus der ehemaligen Ausgangssprache (Frz.)

Soziolinguistische Merkmale:

- Voraussetzungssituation einer multilingualen Gesellschaft mit heterogenen Ethnien
- Soziales Gefälle in der kolonialisierten Region. Kreolsprache wird zur Verkehrssprache der beherrschten Klasse; die herrschende Klasse gehört in ihrem Herkunftsland in der Regel den unteren sozialen Schichten an
- Große Normdistanz zur Sprache des Herkunftslandes der Kolonisatoren infolge fehlender Bildungsinstitutionen und fehlender schriftsprachlicher Tradition im kolonisierten Gebiet
- Analphabetismus der meisten an der Kommunikation Beteiligten
- Nicht nur Verkehrssprache, sondern auch Muttersprache zunächst für Nachkommen aus interethnischen Verbindungen, später für weitere Bevölkerungskreise

Unter veränderten sozialen und kulturellen Bedingungen verändert sich auch eine Sprache rasch. Sprachentwicklung und –wandel auf der Insel Mauritius zeigen, welche Faktoren – ohne Verlust der Interkomprehension - für das Entstehen einer Kreolsprache verantwortlich sein können.

Im Falle des Imperium Romanum haben wir es mit vielen Einzelfällen vom Typ Mauritius und von anderen Prototypen zu tun, nämlich solchen mit einer evoluierenden eigenständigen Kultur und Sprache. Man wird kaum in der Lage sein, der Vielzahl der Varietäten des gesprochenen Latein im gesamten Sprachgebiet des Römischen Reiches Rechnung zu tragen.

Es soll deshalb umgekehrt vorgegangen werden. Die römische Geschichte soll zu einem bestimmten Moment ihrer Entwicklung angehalten und betrachtet werden.

Die Verhältnisse im Imperium Romanum im 1. Jahrhundert n. Chr. dienen als Fallstudie für einen Vergleich mit den Bedingungen, die auf dem vielsprachig gewordenen Mauritius die soziale und kulturelle Voraussetzungssituation für den sprachlichen Wandel geschaffen haben.

6 Das antike Rom im 1. Jahrhundert

Ein Blick auf das kaiserliche Rom gegen Ende des 1. Jahrhunderts n. Chr. ermöglicht eine Momentaufnahme der soziokulturellen Situation. Die Ausdehnung des Imperiums geht aus der nebenstehenden Karte hervor.

6.1 Die Sozialdaten im antiken Rom

Rom hatte nach der Zeitenwende annähernd zwei Millionen Einwohner. Um deren Lebensbedarf zu decken, bedurfte es erheblicher gemeinschaftlicher Anstrengungen. So wurden die Wasserversorgung durch Viadukte, die Getreideversorgung aus Ägypten, der Straßenbau und die berühmten *insulae*, Wohnsilos, durch den Staat organisiert und sichergestellt. Soziale Konflikte blieben nicht aus. So trieben die Kaiser einen erheblichen Aufwand, um die Massen Roms durch Spiele und Spenden bei Laune zu halten. Zirkusspiele, Gladiatorenkämpfe, Tierhetzen, Fechterspiele und Wetten dienten der Ablenkung und Steuerung der Massen. Die Vergnügungssucht der urbanen Römer war sprichwörtlich. Die Zwei-Millionen-Stadt hatte ihre Elendsquartiere, in denen 10 % der Bevölkerung hausen mussten. Als gefährliches Umsturzpotential mussten diese Menschen von den jeweils Herrschenden von Staats wegen subventioniert und ausgehalten

EuroComRom: Historische Grundlagen

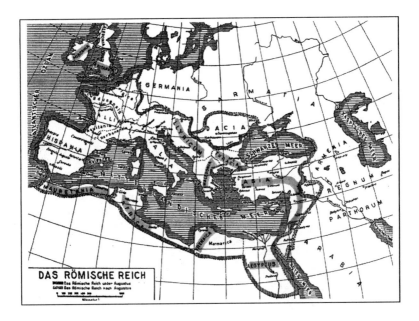

werden. Not und Mißstände vergrößert durch Brandkatastrophen, Bandenwesen und Unglücksfälle konnten nicht gebannt werden. Der Olymp der eigenen Götter reichte nicht mehr aus, um das Elend und die Not zu erklären. Die in der Folge der Eroberungszüge nach Rom mitgebrachten fremden Religionen und Kulte fanden immer mehr Anhänger. So verbreiteten sich z. B. der orientalische Mithraskult, die ägyptischen Isis- und Osiriskulte, die Unsterblichkeit verhießen, das Christentum mit seinem Auferstehungsgedanken und seinem revolutionären Gleichheitsstreben. Diese und viele andere vermehrten die kulturelle Vielfalt Roms. Schon lange hatte sich die römische Gesellschaft durch die militärische Expansion, das dadurch bedingte Leben auf Kosten anderer, den Luxus, den Geschmack an Fremdem, den Exotismus und vor allem den Import fremder Menschen, ihrer Sitten und Gebräuche von Grund auf so gewandelt, dass Moralisten die Zeit nicht mehr verstanden.

Dem kaiserlichen Rom mit seinen Palästen, Foren, Prachtbauten, Kultstätten und imponierenden Anlagen für Massenveranstaltungen stand neben den wenigen Privathäusern und Gärten der Wohlhabenden ein Rom elender und nicht oder nur gering erwerbstätiger Massen gegenüber.

Ökonomisch war die Herrschaft über die Welt abgesichert. Römische Legionen hielten Wacht an den Grenzen eines von römischer Verwaltung, römischem Recht, römischer Sprache und römischen Steuerpächtern okkupierten Weltreichs. Seit Marius war die römische Armee ein Söldnerheer, in dem der Anspruch auf Sold und Verpflegung vor allem die besitzlosen Schichten aus Italien und den Provinzen anzog. Menschen aus aller Herren Länder dienten in dieser Armee, die keinen Zutritt nach Rom selbst hatte: Eine gigantische Fremdenlegion unter römischer Befehlssprache war hier entstanden, ein Schmelztiegel für die besitzlosen römischen Bürger eines maßlosen Imperiums.

Heere von Sklaven aus aller Herren Länder sorgten für den produktiven und den Dienstleistungssektor der römischen Wirtschaft. Sklaven aus Syrien, Nordafrika und Germanien kämpften in den Arenen Roms als Gladiatoren um ihr Leben, Sklaven aus Griechenland und Ägypten arbeiteten als Hauslehrer, Bibliothekare und Auftragsschreiber. Sklaven waren es, die die Schiffsladungen voller Güter löschten, die Roms hungrige Mägen füllen sollten. Sklaven waren für den Transport, die Verteilung der Güter und die Vernichtung der Abfälle vorgesehen. Ohne Sklaven war das ökonomische Funktionieren des Riesenreichs undenkbar. Diese Sklaven sprachen fremde Sprachen.

6.2 Momentaufnahme der Sozialdaten

Einen Großteil dieser Informationen verdanken wir dem römischen Dichter Juvenal. Er gibt in seinen 16 erhaltenen Satiren Momentaufnahmen dieser Zeit. Ein Verehrer der alten römischen Traditionen, wird Juvenal, von Zorn und Entrüstung getrieben, zum Satirenschreiber. Mittels der Beschreibung der zeitgenössischen römischen Welt, von Szenen eines Gastmahls über die Beschreibung der Frauenwelt, von Hochzeiten, ländlichen Mahlzeiten u.ä. rechnet er mit einer Zeit ab, die von Verworfenheit und Lasterhaftigkeit, kurz von "unrömischem Geist", geprägt ist. Seiner Meinung nach hat ihn das Schicksal an den Endpunkt einer hoffnungslosen Zeitenwende gebracht. In seinen Satiren bringt er Abscheu und Empörung über die herrschenden Verhältnisse zum Ausdruck.

Die Geburtszeit des Decimus Iunius Iuvenalis ist zwischen 50 und 70 n.Chr. anzusetzen. Seine sorgfältige Ausbildung in Grammatik und Rhetorik lässt auf Wohlstand der Familie und damit ein hohes Maß an Unabhängigkeit schließen. Er ist ein hervorragender Kenner des stadtrömischen Lebens. Im Alter von etwa 40 Jahren (etwa um 100 n.Chr.), kurz nach dem Regierungsantritt Trajans (98 n.Chr.) ist er wohl erstmals als Satiriker hervorgetreten. Diese Zeit fällt zusammen mit dem allmählichen Wiedererwachen der Redefreiheit nach der Schreckenszeit des Domitian, die Gegenstand der Juvenalschen Satiren war.

6.3 Sprachliche Einflüsse

Das Imperium war ein Vielvölkerstaat mit allen Problemen, die man sich in einem solchen Staatswesen nur denken kann. Die Randnationalitäten des Imperium Romanum hatten ihren politischen Einfluss früh verloren. Die wohl bedeutendste vorromanische Mittelmeerkultursprache, das Phönikische, empfing durch die Zerstörung Karthagos den Todesstoß. Der etruskische Nebenbuhler war schnell beseitigt und die politische Nivellierung in Latium ließ alte italische Landessprachen rasch zu Volksdialekten verkümmern. Die Sprache Roms verdrängte bald auch die sogenannten "Substratsprachen" der Apenninenhalbinsel, das Messapische in Apulien (mit dem Illyrischen verwandt?), das Venetische, das Rhaetische im Norden und das Ligurische an der heutigen italienischen und französischen Riviera.

Die nahezu totale Zerstörung Roms im Jahre 390 durch die Gallier, der Schock des Kelteneinfalls in Latium im 5. Jahrhundert und ihr Vordringen bis zum Tibertal ließen die Kolonialmacht Rom nicht sehr nachsichtig gegenüber der keltischen Sprache und Kultur sein. Intoleranz gegenüber allem Nicht-Römischem war an der Tagesordnung. Keltiberische (Hispania) wie auch keltische (im Norden), illyrische (Mittelitalien und Dalmatien) oder geto-dakische (Dakien) Kultur galt als etwas Barbarisches, etwas, das es zu bekämpfen galt.

Anders beim Griechischen. In den Griechen sahen die Römer ihre intellektuellen Lehrmeister. Das Bildungsbürgertum pflegte die griechische Sprache und Kultur. Es galt als besonders schick, mit Hilfe des Griechischen den eigenen nationalen Minderwertigkeitskomplex zu überwinden. Seit Vergil evozierte man über die zum Nationalepos hochstilisierte Abstammungslegende von Aeneas die trojanische Heldenvergangenheit. Griechenland und Troja dokumentierten vergangene Größe. So nivellierte zwar die italische Revolution alles Nichtlateinische auf der Halbinsel, sie tangierte aber nicht die italischen Griechenstädte wie Tarent oder Neapolis. Parallel zur vollständigen Latinisierung Italiens gab es eine ständig von Minderwertigkeitskomplexen begleitete steigende Hellenisierung des Geisteslebens. In den höheren Sozialschichten der italischen Gesellschaft wurde die griechische Bildung zum integrierenden Bestandteil der eigenen. Während sich in Literatur und Geistesleben römische Gegenwart zunehmend mit griechischem Erbe mischte, strömten infolge der ökonomischen Zentrierung des Imperiums immer mehr kleinasiatische und syrische Sklaven nach Italien. Die kaufmännische Einwanderung aus dem griechischen und hellenisierten Osten brachte Menschen aus dem Orient nach Rom, die auf Grund ihrer fremdartigen und profitorientierten Praktiken von den Römern mit Misstrauen und Fremdenfeindlichkeit betrachtet wurden. Juvenal spricht davon, dass neue Sprache und «neue Weise» zuerst in den Seestädten aufkomme und meint damit offensichtlich die halbhellenischen Hochburgen des Seehandels wie Ostia oder Brundisium (Brindisi), wo mit fremder Ware und fremden Völkern fremde Sitten Einzug hielten. Das Resultat dieser Revolution in den Nationalitätenverhältnissen bestand in einer «Hellenisierung» Roms: Italien war die Heimat von Griechen, Syrern, Phönikern, Juden und Ägyptern. In Rom verschwand rasch der Mittelstand, übrig blieben «Herren und Bettler». Seit der Ausdehnung des römischen Rechts und des Bürgerrechts auf ganz Latium wurde die römische Sprache verbindliche Gerichts- und Administrationssprache. Das Lateinische entwickelte sich zu *der* überregionalen Verkehrssprache, wie es vorher im mittelmeerischen Handel das Phönikische und das Griechische waren.

Bildungs- und Sprachpolitik Roms verlagerten sich in die Kolonien, zusammen mit dem dorthin exportierten römischen mittelständischen «Bürgertum», das sein Glück als Garant römischer Macht dort zu finden hoffte. Cicero informiert uns, dass um 190 bereits die allgemeine Bildung in den lateinischen Städten höher gestanden habe als in Rom selbst. In der Bildungspolitik wurde der Einfluss griechischen Denkens immer stärker. Eine latente Zweisprachigkeit zeichnete sich ab, die das Lateinische innovierte und tiefgehend beeinflusste, ohne es zu verdrängen. Sieger blieb die den Bedürfnissen eines Weltreichs angepasste Sprache Roms, das modernisierte Latein, das schließlich in allen Provinzen verstanden wurde. Dieses angepasste, in der Situation der mittelmeerischen und hellenistischen Vielsprachigkeit geglättete Latein des Alltags wurde über die Instrumente der Sprach- und Machtpolitik Roms in die Kolonien getragen. Es wurde in von Römern erbauten Städten zunächst insulär in die Territorien fremder Völker implantiert, um sich dort zu assimilieren, um dort den Prozess weiterzuerleben, den es schon einmal mitgemacht hatte, als es sich von der Sprache einer Tibersiedlung zur Sprache Latiums entwickelte und dabei all das in sich aufnahm, was es bereichern konnte.

Hier nun, in den außerhalb Latiums gelegenen Kolonien, fern von der Norm Roms, umgeben von fremden Sprachen und Kulturen, wurde es zum geistigen Eigentum von Fremden, die an dem Wohlstand und dem Ansehen des Imperiums partizipieren wollten: Das gesprochene Latein wurde zur Kreolsprache der „romanisierten" Völker, der Gallier, Keltiberer, Daker und vieler anderer. Es veränderte seinen Charakter, spiegelte fremde Aussprachegewohnheiten wider, nahm andere Kulturen und Zählweisen in sich auf, assimilierte Fremdworte und Entlehnungen und ordnete sein morphologisches System neu: es wurde gallisch, iberisch, dakisch, aber es blieb überregionales Bindeglied zu der Macht, die das Leben in den Kolonien so einschneidend verändert und deren Bürger zu ihren Privilegien gebracht hatte.

Juvenals Beschreibung der Sozialverhältnisse in Rom zeigt, in welcher gesellschaftlichen und politischen Atmosphäre die Sprache Roms zur Kolonialsprache geworden ist. Im folgenden wird der Prozess der Implantation dieser Kolonialsprache in einem Territorium beobachtet, in dem das kreolische Produkt der Kolonialsprache wie auf der Insel Mauritius bis in die Gegenwart überlebt hat: die Romanisierung der römischen Provinz Dakien. Dabei werden die bei der Analyse eines Kreolisierungsprozesses gewonnenen Erkenntnisse genutzt.

7. Die Romanisierung einer Provinz: Dakien

Das Wissen um die sozialen Verhältnisse in Rom ist Ausgangspunkt für das Detailstudium der Entwicklung einer römischen Provinz, nämlich Dakien, in der sich das Vulgärlatein etablierte.

Die am Beispiel Mauritius erarbeiteten Voraussetzungssituationen für den sprachlichen Wandel werden mit den dakischen verglichen.

Dabei werden die folgenden Parameter Berücksichtigung finden: Mehrsprachige Gesellschaft, Präsenz verschiedener Ethnien, militärische Präsenz der Kolonialmacht, Notwendigkeit einer (gemeinsamen) Verkehrssprache, Kolonialisationsdauer, Normdistanz zur Hauptstadt, soziales Gefüge, Limitierung auf gesprochene Sprache, Beschaffenheit der autochthonen Sprachen (einheitlich zentral/ uneinheitlich dialektal gegliedert), sprachliche Beziehungen zwischen Kolonisatoren und Kolonialisierten, Status der Kolonialsprache und der autochthonen Sprachen.

Natürlich reichen diese Kriterien zur Beurteilung der Voraussetzungssituation für eine Kreolisierung allein nicht aus. Man müsste an dieser Stelle eine Studie nach neuesten Erkenntnissen der Soziolinguistik vornehmen, die alle vorhandenen historischen Hinweise vergleicht mit analogen Fällen aus der Gegenwart oder der jüngsten Vergangenheit. Wir geben uns aber an dieser Stelle damit zufrieden, auf die Parallelität der Vorgänge hinzuweisen. Es geht beim Analysieren des Sprachwandels im Imperium Romanum darum, die vorhandene Analogien aufzuzeigen und den Leser dafür zu sensibilisieren.

7.1 Voraussetzungssituation für den Sprachwandel

Im 1. Jahrhundert näherte sich das Imperium Romanum den Ländern der unteren Donau. Über mehrere Jahrhunderte konnte sich die römische Macht nur südlich der Donau - in den Provinzen Moesia und Pannonia halten, während die nördlichen Stützpunkte und die nördliche Provinz Dakien fast ständig bedroht waren und nur verhältnismäßig kurze Zeit in römischem Besitz blieben. Später reichten die Stützpunkte des Imperiums bis zur Krim.

Dakien gehörte von den Jahren 106/7 bis etwa 271 zum Imperium Romanum. Es wäre aber falsch, mit diesen Daten den römischen Einfluss auf das Land nördlich der Donau zu begrenzen. Ebenso wäre es unrichtig, sich von rein geographischen Kriterien leiten zu lassen und die Heimat der rumänischen Sprache ausschließlich im Norden zu suchen. Allein die Identität der römischen Provinz Dakien mit Teilen des heutigen Staates Rumänien berechtigt noch nicht zu sprachgeschichtlichen Folgerungen. Bevor genaue Schlüsse zu ziehen sind, muss das Interesse den römischen Gebieten auf beiden Seiten der Donau, den Provinzen Dakien, Mösien und Pannonien gelten. In diesen Gebieten trafen die Römer auf die thrakischen oder mit den Thrakern verwandten Stämme der Myser, Daker und Geten, in Pannonien auch auf Illyrer und in den Küstenstädten des Schwarzmeers auch auf Griechen.

Sicher ging der militärischen Eroberung die Ausstrahlung römischer Überlegenheit auf zivilisatorisch-technischem Gebiet und die wirtschaftliche Verlockung voraus. Ein Beweis dafür ist der Einfluss der griechischen und römischen Baukunst auf die Befestigungen der Daker in Siebenbürgen. Auch haben die Römer in ihrer Zivilisation Wichtiges von den Thrakern übernommen. So geht das Pferd und seine Verwendung im Heer bei Griechen und Römern offensichtlich auf die Thraker zurück, die es ihrerseits von den iranischen Nomadenvölkern übernommen hatten.

Einheimische Sprachen sind den gebildeten Römern offenbar bekannt gewesen. So lernte beispielsweise Ovid in den Jahren 8-17 n.Chr. in seinem Verbannungsort Tomis das Getische und das Skythische (oder Pontische) kennen.

Betrachtet man die verschiedenen Konstituenten des sprachkolonialen Entwicklungsprozesses Dakiens einmal näher, so finden sich all die Voraussetzungen, die auch in einem Land der Dritten Welt, etwa in der Frankophonie im subsaharischen Afrika, zu einem sprachlichen Implantationsprozess geführt haben. Die Produkte dieser Implantation sind mit Ausnahme einiger urbaner Regionen und ihrer metropolenorientierten Kulturassimilation außerhalb der Hochsprachenebene geblieben.

Ökonomisch war Rom unumschränkte Führungsmacht. Es galt das römische Handelsrecht. Der Goldbergbau in Transsilvanien war für Roms Staatshaushalt ebenso interessant wie die Eisenvorkommen für die Rüstung und der Marmor für die Bauindustrie. Auch Salz und Gewürze waren im Zeitalter der Entdeckungen begehrte Handelsobjekte.

Die Gesetzgebung erfolgte außerhalb des kolonisierten Territoriums, wie in fast jedem modernen Kolonialgebiet auch. Oberste Autorität war der Kaiser, vertreten durch seinen Provinzialvertreter. Auch die Rechtsprechung war römisch. Allerdings tolerierte man wie andernorts auch auf dem Lande weiterhin die Eigengerichtsbarkeit, die aber von untergeordneter Bedeutung war.

Die Administration wurde römisch-zentralistisch durch einen Vertreter der kaiserlichen Zentralmacht ausgeübt. Er wurde für einen bestimmten Zeitraum entsandt und daher regelmäßig ausgewechselt.

Die Steuererhebung war zentral geregelt und wurde durch die Provinzialmacht individuell ausgeübt. Steuern zahlte man grundsätzlich nicht in Rom, sie wurden in den Provinzen aufgebracht. Der Steuerpächter, der *publicanus*, stammte aus der römischen Ritterschicht d.h. er war Mitglied des Geldadels, der dem Staat bestimmte Aufgaben wie das Steuereintreiben in den Provinzen, die Verpachtung von Bergwerken etc. abnahm. Die publicani pressten aus den Provinzen so viel wie möglich heraus, wobei ihnen die jeweiligen Statthalter ihre Organe gegen Entgelt zur komplizenhaften Verfügung stellten.

Eine Zollkontrolle fand an der Donau statt, an den Übergängen der Reichsgrenzen und an strategisch wichtigen Punkten. Zoll, *portorium* oder *vectigal*, wurde beim Überschreiten der Grenze für Waren erhoben. Dabei fanden auch Kontrollen im Reichsinteresse statt, die verhindern sollten, dass Eisen, Waffen, Öl, Getreide, Salz und Gold das Imperium verlassen konnten.

Ein Unterrichtssystem war nur unvollkommen entwickelt. Auf dem besetzten Territorium war schon ohne das römische Superstrat eine Mehrsprachigkeit gegeben. In den wenigen Städten gab es wohl im Ansatz ein römisches Unterrichtssystem, das allerdings nie die Qualität Latiums oder Südgalliens erreichte. Es muss sogar Elementarschulen gegeben haben. Sie vermittelten jedoch zwischen dem 7. und 11. Lebensjahr nicht viel mehr als Schreiben, Lesen und Rechnen sowie das Umgehen mit Maß- und Geldsystem. Doch diese Aufgaben nahm nicht der Staat wahr. Retirierte Söldner und Haussklaven übernahmen diese Aufgaben, die zur Zeit der Okkupation nie einer staatlichen Aufsicht unterstanden. Es gab sehr bald eine assimilierte (vulgär-)lateinischsprachige Schicht dakischer Herkunft. Eine höhere Bildung wie sie etwa die zweisprachige (gr.-lat.) Grammatikschule oder gar die Rhetorenschule vermittelte, gab es wohl kaum. Letztere war zur Zeit der römischen Okkupation ohnehin noch auf Rom selbst beschränkt, wo sie Voraussetzung für eine staatliche Karriere bildete. Hier in Dakien, am Rande des Imperiums, gab es andere Prioritäten als Bildung. Nicht umsonst wurde ein unliebsamer Autor wie Ovid nach Tomis verbannt. Hier hatte er keine Zuhörerschaft, hier konnte er keinen politischen «Schaden» anrichten. Erst seit dem 4. Jahrhundert gab es in den Provinzen des Reichs staatliche „Hochschulen".

Auch im Bereich des Glaubens und der Ideologie war der Kaiser oberste Autorität. Solange seine Rolle als Gott nicht in Frage gestellt war, wurden andere Kulte geduldet, akzeptiert und auch schnell assimiliert. Das polytheistische System des Imperiums mit göttlicher Legitimation des Staatsoberhaupts löste sich allmählich im Synkretismus auf.

7.2 Lexikalische Indizien für die Sozialgeschichte

Soviel zur Voraussetzungssituation für den Sprachwandel. Wie können jedoch nun lexikalische Indizien für die Sozialgeschichte herangezogen werden? Hier wird wiederum ein Arbeitsbereich aus der Neuen Romania herangezogen, nämlich der der Soziosemantik:

Anhand der Analyse bestimmter soziosemantischer Bereiche lassen sich Rückschlüsse auf die frühe Entstehungsphase einer eigenen Sprachvarietät ziehen. So werden z.B. aus der Totalität der (lexikalischen) Normabweichungen die semantischen Bereiche ermittelt, die zum einen in hoher Häufigkeit Entlehnungen bestimmter autochthoner Sprachen enthalten. Aus der Häufigkeit werden dann im Vergleich mit sprachgeographischen Studien Rückschlüsse sowohl auf den Verkehrswert der besonders häufig entlehnenden autochthonen Sprachen gezogen als auch Rückschlüsse auf ihre kommunikative Rolle. Zum anderen werden solche semantische Bereiche ausgewählt, die eigenständige, d.h. autochthone Elemente oder von der metropolitanen Norm abweichende Neu- oder Sonderentwicklungen, die ebenso eigenständig sein können, aufweisen. Mit zunehmend genauerer Beschreibung dieser Partikularismen kommt man allmählich zu einer Inventarisierung derjenigen Bereiche, die symptomatisch für den sozioökonomischen Wandel sind, der dem Sprachwandel in hohem Maße zugrunde liegt.

Auf diese Weise kann man recht effizient Wortfelder und damit Lebensbereiche ermitteln, in denen die importierte Sprache auf eine kulturelle Resistenz trifft und auch solche, in denen einschneidende Veränderungen zu grundlegendem sprachlichem Wandel führten.

Die Frankophonie in den Ländern der Neuen Romania dient auch hier als Beispiel für die soziosemantische Arbeitsweise[36].

In diesen Ländern wurde Französisch als zunächst fremde Norm und priviliegierte Minderheitensprache implantiert und hat sich allmählich den lokalen Gegebenheiten angepasst, es hat Varietäten gebildet. Die folgenden Beispiele stammen aus dem größten der sogenannten frankophonen Länder des subsaharischen Afrika, dem ehemaligen Kongo-Zaïre, heute wieder Kongo (Kinshasa).

---

[36] siehe auch Kapitel 3.4, S.41 ff

Eine besonders auffallende Zahl von lexikalischen Normabweichungen im zaïrischen Französisch gehört einem semantischen Bereich an, den man vielleicht am treffendsten mit «Kritik am Europäischen» umschreibt und dessen Merkmale unter anderem die Rassenantagonie «schwarz» und «weiß» sein könnten. In nahezu allen europäisch determinierten Bereichen, in denen es eine konkurrierende afrikanische Tradition gibt, wurden sogenannte Resistenzworte entwickelt.

Ein Beispiel unter vielen ist das Wortfeld *essen* :

manger   fr.z.: in einem teuren Restaurant nach europäischer und Küche essen

djafer   fr.z.: zaïrischer Neologismus; kontaminiert aus Swahiliwort für Hunger *ndjala* und dem chiLuba-Wort für essen, vertilgen, *kudja*. Das autochthone Wort für *essen* beinhaltet das angemessenere Bild des "Hungerbeseitigens".

casser   fr.z.: einen Imbiss zu sich nehmen, eine Kleinigkeit essen. *Faire le cassing ensemble*: irgendwo essen gehen, aber nicht im Restaurant

bouffer   fr.z.: panfrankophones Wort Westafrikas. Das aus dem frz. Argot übernommene Wort ersetzt das frz. *manger* in seiner allgemeinen Bedeutung.

An diesem semantischen Bereich, der noch der Ergänzung bedarf (etwa Einbeziehung zielgerichteter Ausdrücke wie: *j'ai faimboule, avoir faim de boukari* etc.), lässt sich eine Resistenz erkennen[37], die auch andernorts im afrikanischen Französisch zu beobachten ist, z. B.:

arachide   fr.sén.: Erdnuss als Grundnahrungsmittel in afrikanischer Tradition (*gêrté*)

---

[37] Eine solche Resistenz ist aus Gründen der Tabuisierung auch im Argot zu beobachten.

cacahuète fr.sén.: geröstete Erdnuss europäischer Tradition in kleinen Päckchen (wolof : *thiaf*)
Die in Afrika ansässigen Europäer unterscheiden beide Bedeutungen nicht.

Das Wort für Krankenhaus im zairischen Französisch weist ebenfalls Resistenzantagonismen auf:

clinique fr.z.: pour les blancs ("c'est très cher")[38]
hôpital fr.z.: pour les noirs ("c'est moins cher")[39]

Im semantischen Bereich *Hausbau, städtische Siedlungsformen* tritt erwartungsgemäß eine Vielzahl von Resistenzformen im zaïrischen Französisch auf:

le château fr.z.: nicht etwa *das Schloß*, sondern ein Ort zum Wohnen, Schlafen und Kochen; auch Synonym für *(Wohn-)Küche*

la cité fr.z.: nicht etwa das Stadtzentrum, sondern die nicht-europäische Stadt (Afrikanerstadt)

le living fr.z.: überdimensionales Wohnzimmer, Statussymbol europäischen Wohnens

l'appartement fr.z.: die Luxuswohnung im ehemals europäischen Viertel Kinshasas

la baraque fr.z.: Holzbehausung, nicht notwendigerweise pejorativ gebraucht

la boutique fr.z.: das Geschäft, der Laden, übliches Wort für *le magasin*

Bei fortschreitender Analyse des Phänomens Sprachwandel ändert sich das analytische Begriffsinstrumentarium zwangsläufig. Es kann sich nicht an

---

[38] Klinik - für die Weißen, „es ist sehr teuer"
[39] Hospital – für die Schwarzen, „es ist weniger teuer"

den Begriffen europäischer Philologentradition orientieren, vielmehr sind die aktuellen Erkenntnisse aus der Frankophonie zwingend in die Untersuchungen einzubeziehen.

Das Ermitteln von Resistenzwörtern im Bereich der Kultur- und Zivilisationspraktiken der Eroberer ist lediglich ein erster Schritt, Gesetzmäßigkeiten des Ablaufs von sprachlichem Wandel zu ermitteln. Diese Erkenntnisse können schließlich dazu dienen, auch in der europäischen Romania Daten besser zu verstehen und zu interpretieren, die bisher vor allem unter «klassischen» linguistischen Aspekten betrachtet wurden.

Ein nächster Schritt bestünde nun darin, möglichst exakt auf dem ermittelten sprachlichen Material des Wandels aufbauend, den dahinterstehenden tatsächlichen sozioökonomischen Wandel zu beschreiben und Parameter zu finden, die die Relationen zum sprachlichen Wandel erklären. Gelingt dieser Schritt, so könnte man aus möglichen Erkenntnissen über die Zusammenhänge zwischen sozialen, ökonomischen und sprachlichen Daten Gesetzmäßigkeiten des Wandels ermitteln, über die bisher in der europäischen Romania nur spekuliert werden kann.

In der Interkomprehension findet man «Resistenzwörter» als «Profilwörter»[40] wieder. Es sind die Elemente, die der jeweiligen Varietät den Stempel der Profilhaftigkeit aufdrücken. Sie unterscheiden sich dadurch, dass sie nur in einer oder wenigen Varietäten vorkommen und sich dem Kriterium der Panromanität entziehen.

Um im romanisierten Dakien lexikalische Indizien für die frühe Sozialgeschichte zu finden, ist nach Partikularismen des heutigen Rumänisch zu suchen, die den erwähnten Resistenzbereichen angehören. Diese Wörter sind aus Sicht der Interkomprehension allesamt Profilwörter, d.h. sie sind zwar aus dem Vulgärlateinischen abzuleiten, kommen aber nur in dieser Varietät vor.

Der rumänische Wortschatz wird ausgehend von der Arbeitshypothese untersucht, dass es in der *Dacia felix*, einem besonders unsicheren Territorium an der Grenze zum "freien Dakien", eine Menge von lexikali-

---

[40] s.d. Klein/Stegmann 2000, S. 146 ff.

schen Spuren geben müsste, die das Zusammenleben der dakischen Frauen und Kinder mit den römischen Garnisonen verdeutlichen.

Beim Durchsehen des rumänischen Erbwortschatzes fallen gleich mehrere Dutzend Partikularismen auf, die mit einem auch in der Frankophonie beobachteten Resistenzverhalten der Autochthonen gegenüber den Zivilisationspraktiken der Invasoren vergleichbar sind:

mire	Bräutigam (das lat. "Soldat")
adăpost	Schutz (*ad depositum*, Militärsprache)
a căuta	suchen (*cavitare*, aus der Höhle aufstöbern; Besatzungsarmee sucht im Untergrund)
a se deprinde	sich gewöhnen, sich etwas aneignen (*deprehendere* – gewaltsam ergreifen)
a dezmierda	streicheln, liebkosen; Kinder- oder Soldatensprache: jm- „aus der Scheiße" ziehen, von der .. befreien.
sat	Dorf (*fossatum*, das mit Graben befestigte Wehrdorf)
a pleca	weggehen (das Zusammenfalten der Zelte bei mil. Lagerabbruch) militärischer Ausdruck.
a merge	gehen (das Ein- und Untertauchen der Legionäre in den Wäldern Dakiens) militärischer Ausdruck?
fată	Mädchen (feminine Form von *foetus* – Soldatenjargon?)
bărbat	Mann (Soldatenjargon?) "der mit dem Bart"
a răbda	sich gedulden, ertragen (*rigidare*, hart machen)
tânăr	jung (soldateskes Modewort? "zart" = im Kampf unerfahren)
ager	flink, gescheit (*agilis*, Modewort der Legionäre?)

Die rumänischen Hinweise auf eine Resistenztendenz in Dakien bleiben spekulativ, da ein umfangreiches lateinisches Quellenstudium und etymologische Forschungsvertiefung hierzu noch ausstehen. Wenn es allerdings soziosemantischen Arbeiten zur Neuen Romania gelingt, anhand von Parametern Gesetzmäßigkeiten über den Zusammenhang von sprachlichem

EuroComRom: Historische Grundlagen 79

und sozioökonomischem Wandel zu formulieren, dann wäre dies auch umgekehrt für die Rekonstruktion von frühen Zusammenhängen in der europäischen Romania von hohem Nutzen. Die relativ gut dokumentierte oder zumindest dokumentierbare Neue Romania kann so zum komparatistisch nutzbaren Datenlieferanten werden, der es à la longue ermöglicht, auch Zusammenhänge der Alten Romania besser zu begreifen.

Solange solche Gesetzmäßigkeiten noch nicht ermittelt sind, kann nur interpretativ vorgegangen werden. Die lexikalischen Indizien der Partikularismen des Rumänischen belegen eine ganze Reihe von anderen sprachlichen Gewohnheiten in der Militärkolonie Dakien als im übrigen Imperium. Dies lässt sich zum einen auf die besonders hervorgehobene Rolle des römischen Militärs in dieser Region zurückführen. Zum anderen bestand nach dem dakischen Männermord durch die Römer eine besondere Beziehung zwischen zwangsläufig „fraternisierenden" dakischen Frauen und den römischen Legionären. Die Partikularismen belegen selbst nach nahezu zwei Jahrtausenden Geschichte eine offensichtlich vorherrschende Rolle soldatesker Sprache in der Entstehungszeit der Kolonie und in der konstituierenden Frühphase der implantierten Sprache. Das Rumänische ist somit ein wertvolles Zeugnis für die Eigenständigkeit und die Sonderentwicklung vulgärlateinischer Regionalvarianten. Gleichzeitig ist es die Sprache mit dem größten Spektrum an Profilwörtern in der Romania.

2. Teil: Systemlinguistische Beschreibung

Die qualitative Beschaffenheit des protoromanischen Inventars ist Gegenstand der nun folgenden Kapitel, wobei die bisherigen Erkenntnisse bei der Betrachtung einfließen. Es werden die Gründe dafür aufgezeigt, dass das gesprochene Latein unter den Einflüssen der Mehrsprachigkeit im Imperium Romanum - ähnlich wie dies beim Kreolischen in kolonialer Situation zu beobachten war – einem gravierenden Veränderungszwang unterlag. Gleichzeitig wird einsichtig, warum «das» Lateinische in seiner strukturellen Komplexität als Umgangssprache nicht überlebensfähig war. Ferner macht die Analyse des protoromanischen Inventars die Panromanität einserseits, aber auch die Diversifizierung in den romanischen Sprachen andererseits nachvollziehbar.

8. Das klassische Vokalsystem

8.1 Zur Aussprache des klassischen Latein

Die Aussprache des klassischen Latein (KLT) gilt heute als weitgehend rekonstruiert. Neben Grammatikertraktaten, Gesetzen der Metrik und Transkriptionen aus dem Griechischen sind es vor allem die Ergebnisse der Lautentwicklung in der Romania, die zur Rekonstruktion gedient haben.

Vokale wie Konsonanten des KLT konnten lang oder kurz sein. Während man bei Konsonanten die Doppelschreibung benutzt, hat sich in der Sprachwissenschaft die Markierung von Länge durch einen Strich über dem Vokal (z.B.: ā), die der Kürze durch einen Halbkreis (ă) eingebürgert.

Das klassischlateinisch geschriebene **c** wurde grundsätzlich [k] ausgesprochen: Cicero hieß also [kikero]. Frühe Entlehnungen aus dem Lateinischen zeigen dies noch heute im deutschen Wortgut: Keller (< *cellariu*), Kaiser (< *Caesar*).

Die Diphthonge **ae**, **oe**, und **au** wurden getrennt gesprochen: [a^e], [o^e], [a^u]; erst das Vulgärlateinische bewirkte die Monophthongierung zu [e] und [o].

Das auslautende **-m** wurde vermutlich schon in klassischer Zeit nicht mehr gesprochen, sondern nasaliert. Die Metrik behandelte ein auf -um oder -am auslautendes Wort als ob es ein vokalischer Auslaut sei.

Das klassischlateinische **s** gilt immer als stimmlos, es tendierte in der gesprochenen Sprache regional zum Ausfall.

Das klassische **r** der Römer war ein gerolltes Zungenspitzen-r.

Der Akzent fiel bei mehrsilbigen Wörtern auf die vorletzte Silbe, wenn diese zu den "schweren" Silben, d.h. mit langem Vokal oder auf

Konsonant endend, zählte. Er fiel auf die drittletzte Silbe, wenn die vorletzte "leicht" war, d.h. auf einen kurzen Vokal endete.

Wichtigstes Merkmal der klassischlateinischen Lautstruktur ist demnach der Unterschied zwischen Längen und Kürzen. Dieses phonologische Merkmal prägt die Morphologie und Lexik deutlich. Eine Veränderung der Aussprache von Längen und Kürzen hat deshalb zwangsläufig tiefgreifende Konsequenzen.

8.2 Vokale unter dem Hauptton

Die unter dem Hauptton stehenden Vokale des klassischen Latein haben sich in der gesprochenen Sprache stark verändert. Die Gründe für den Wandel, etwa die Vielsprachigkeit in Rom, die Normdistanz in der Provinz, die unterschiedlichen Muttersprachen der verschiedenen Sprecher in den kolonialisierten Gebieten, kann man – wie in 5.4 beschrieben - durch die Betrachtung moderner Kreolsprachen auf der Basis romanischer Sprachen nachvollziehen. Die folgende Tabelle zeigt die wichtigsten Veränderungen auf der Ebene der Vokale vom geschriebenen klassischen Latein (KLT) über das gesprochene (Vulgär-)Latein (VLT) bis hin zu den romanischen Sprachen der Gegenwart.

	Palatale Vokale					Velare Vokale		
KLT	ī	ĭ ē	ĕ	ā ă	ŏ	ō ŭ	ū
VLT	[i]	[e]	[ɛ]	[a]	[ɔ]	[o]	[u]
SPA	i	e	ie	a	ue	o	u
ITA	i	e	ie/e	a	uo/o	o	u
POR	i	e	e	a	o	o	u
KAT	i	e	e	a	o	o	u
OKZ	i	e	e	a	o	o [u]	u [ɥ]
FRA	i	oi [ωa]	ie/e	a	[œ] / o	[ø] / u	u [ɥ]
RUM	i	e (ea)	ie (ia)	a	o (oa)	u	u

8.3 Der «Quantitätenkollaps»

Das klassischlateinische System differenziert die Vokale nach Länge und Kürze (= *Quantitäten*). Ein langer Vokal steht in phonologischer Opposition zu einem kurzen. Somit sind ē und ĕ zwei unterschiedliche Phoneme, wie die folgenden Beispiele zeigen:

vĕnit, er kommt - *vēnit*, er ist gekommen; *pŏpulus*, Volk - *pōpulus*, Pappel

Das vulgärlateinische System nutzt diese Differenzierung nicht mehr, sondern unterscheidet die Vokale nach ihren Öffnungsgraden (= *Qualitäten*): *offen* [ɛ] und [ɔ], und *geschlossen* [e] und [o].
So erklärt es sich, dass z.B. auf der palatalen Seite ein **kurzes ĭ** und **langes ē** des klassischen Latein im Vulgärlatein ein geschlossenes e [e] ergeben haben.
Auf der velaren Seite ist das KLT **lange ō** und der **kurze ŭ**-Laut im VLT entsprechend zu einem geschlossenen o [o] geworden.
Aus dem klassischen **kurzen ĕ** wird ein offenes e [ɛ] im VLT, das in den romanischen Sprachen zahlreiche Diphthongierungen hervorgebracht hat.
Was für die palatale Seite gilt, ist auch auf der velaren Seite parallel zu beobachten:
Aus dem **kurzen ŏ** des KLT wird ein offenes o [ɔ] im VLT, das in der Romania ebenfalls zahlreiche Diphthongierungen hervorgebracht hat.
Die Extremvokale ī und ū verlieren ihr Quantitätencharakteristikum und werden im VLT zu einem nach Öffnungsgrad (Qualität) undifferenzierten i - und u -Phonem. Die beiden a-Phoneme des KLT ā und ă werden im VLT undifferenziert zu einem einzigen a-Phonem.
Die Symmetrie und Parallelität der Phänomene auf der palatalen und der velaren Seite erleichtern auch lerntechnisch die Übersicht.
Den Wandel von Quantitätensystem (KLT) zum Qualitätssystem bezeichnet man als «*Quantitätenkollaps*». Dieser Ausdruck dient als Schlagwort und hat lediglich mnemotechnische Funktion. In der Tat han-

delt es sich nicht um einen «Kollaps», sondern um eine allmähliche Substitution von Merkmalen.

In der Gegenwart finden sich vergleichbare Phänomene der Substitution auch im Französischen. Das français zaïrois, eine Varietät des Französischen in Afrika, dokumentiert dies beispielsweise: Auf Grund des muttersprachlichen Einflusses von Bantusprachen (kiKongo, liNgala) tun sich zaïrische Sprecher des Französischen in Kinshasa schwer, die distinktive Phonemopposition zwischen dem oralen [o] und dem nasalen [õ] zu realisieren. Diese Distinktion ist ihnen nicht geläufig. Sie ersetzen daher die Opposition oral / nasal durch die ihnen aus ihren Muttersprachen vertraute Opposition lang / kurz. Im heutigen französischen System spielt diese Opposition keine wesentliche Rolle mehr, sodass die gesprochene Varietät des français zaïrois problemlos damit arbeiten kann.

Man hört also statt:	die Differenzierung:
frz. *patron* [patrõ]: nasales [õ]	fr.z. *patron* [patrõ] : langes [ō]
frz. *pas trop* [patro]: orales [o]	fr.z. *pas trop* [patrõ] : kurzes [ŏ]

In diesem zaïrischen Beispiel wird in der Gegenwartssprache - umgekehrt zum Sprachwandel vom klassischen Latein zu den gesprochenen Varietäten des gesprochenen Latein - das Kriterium Qualität (hier: *nasal/oral*) durch das Kriterium Quantität (*lang/kurz*) ersetzt. In der Linguistik wird dies als *Merkmalsubstitution* bezeichnet.

Auch der *Quantitätenkollaps* des klassischen Latein stellt eine solche Merkmalsubstitution dar. Die Merkmale der Quantität (*Länge/Kürze*) werden durch die Merkmale der Qualität (= Öffnungsgrad: *offen/ geschlossen*) ersetzt.

Der *Quantitätenkollaps* wird als das zentrale Phänomen des Sprachwandels vom klassischen zum Vulgärlatein angesehen. Dieser Lautwandel hat weitreichende Folgen für das gesamte Sprachsystem des Lateinischen und in dessen Folge auch der protoromanischen Varietäten.

Da die durch Quantitätenunterschiede markierten Oppositionen nicht nur lexikalischer Natur waren (z.B. *pŏpulus* # *pōpulus*, *Volk* # *Pappel*), sondern in weitaus stärkerem Maße im komplexen Flexionssystem des Lateinischen vorkamen (z.B. *vĕnit # vēnit, er kommt # er ist gekommen*), bedurfte das gesamte Deklinations- und Konjugationssystem einer Umstrukturierung.

Der mit dem Quantitätenkollaps einhergehende Wandel im System des gesprochenen Latein dokumentiert daher auch gleichzeitig die Kapitulation der Sprecher vor der Formenvielfalt des klassischlateinischen Systems.

9 Vulgärlateinische Vokalsysteme

9.1 Das vulgärlateinische System

Das *sogenannte vulgärlateinische System* hat seinen Ursprung in Latium, stellt also ein usprünglich italisches System dar. Es breitete sich mit der Kolonisation nach *Norditalien*, in die *Galloromania* und die *Iberoromania* aus.

	Palatale Vokale				Velare Vokale			
KLT	ī	ĭ ē	ĕ	ā ă	ŏ	ō ŭ		ū
VLT	[i]	[e]	[ɛ]	[a]	[ɔ]	[o]		[u]

Das sogenannte vulgärlateinische System

Das in der zweiten Zeile der Synopse dargestellte VLT-System nennt man in der romanistischen Tradition auch das *sogenannte vulgärlateinische System*. Wie noch darzustellen ist, gibt es nämlich mehrere VLT-Systeme in unterschiedlichen geographischen Zonen.

Dieses System wahrt eine Symmetrie zwischen den Wandlungsphänomenen auf der palatalen und der velaren Seite. Es differenziert vulgärlateinisch zwischen einem geschlossenen e- Phonem [e] und einem offenen e- Phonem [ɛ] auf der palatalen Seite und parallel dazu auf der velaren Seite zwischen einem geschlossenen o- Phonem [o] und einem offenen o- Phonem [ɔ]. Dieses System dient den *meisten* romanischen Sprachen als Ausgangspunkt für ihre Entwicklung: Spanisch, Italienisch, Portugiesisch,

Katalanisch, Okzitanisch und Französisch. Ein wesentliches Charakteristikum für die Entwicklung und Unterscheidung der romanischen Sprachen ist die Weiterentwicklung des offenen e-Lauts [ɛ] und des offenen o-Lauts [ɔ]:

Das Spanische diphthongiert *grundsätzlich* von [ɛ] zu ie (PETRAm > *piedra*) ; ebenso von [ɔ] zu ue (BONUm > *bueno*).

Das Italienische diphthongiert parallel hierzu von [ɛ] zu ie (PETRAm > *pietra*) und von [ɔ] zu uo (BONUm > *buono*).

Die italienische Diphthongierung ist jedoch abhängig von der Silbenstruktur, in der sich der Vokal befindet. Das Italienische diphthongiert deshalb *nur in einer freien*, d.h. vokalisch auslautenden Silbe zu ie bzw. uo. In *gedeckter*, d.h. konsonantisch auslautender Silbe findet keine Dipthongierung statt:

PE-DE > it. *piede* (freie Silbe); aber TEM-PUS > it. *tempo*.

Das Spanische diphthongiert in beiden Fällen:

PE-DE > sp. *pie* (freie Silbe); und TEM-PUS > sp. *tiempo*.

9.2 Das archaische System

Für die frühen Kolonien Roms gilt ein älteres Entwicklungssystem, das man das *archaische System* nennt. Diese Variante ist Basis für die romanischen Entwicklungen in *Sardinien, Lukanien* und *Afrika*. Sie verändert die kurzen und langen KLT- Quantitäten in jeweils *eine* VLT [i], *eine* (offene) [ɛ]-, *eine* [a]-, *eine* offene [ɔ]- und *eine* [u]- Qualität.

	Palatale Vokale				Velare Vokale			
KLT	ī	ĭ	ē	ĕ	ā	ă	ŏ	ō	ŭ	ū
Arch. VLT	[i]		[ɛ]		[a]		[ɔ]		[u]	

Das archaische System

9.3 Das sizilianische System

Die älteste Kolonie des Imperium Romanum war Sizilien. Hier war der griechische Einfluss besonders stark, und die vokalische Entwicklung ging noch weiter als in den bisher beschriebenen Regionen. Das *sizilianische System* (in *Sizilien, Kalabrien, Südapulien*) fasst die jeweils *drei Extremlaute* der palatalen und der velaren Seite zu *einem* Ergebnis zusammen:

Das lange und kurze KLT [ī], [ĭ] sowie das lange KLT [ē] entwickeln auf der palatalen Seite *einen* einzigen VLT [i]- Laut.

Auf der velaren Seite entsteht aus dem klassischlateinischen langen und kurzen [ū], [ŭ] und langen [ō] ein einziges vulgärlateinisches [u]- Phonem. Aus dem kurzen KLT [ĕ] entsteht ein offenes VLT [ɛ]- Phonem und aus dem kurzen KLT [ŏ] entsteht ein offenes VLT [ɔ]- Phonem.

	Palatale Vokale			Velare Vokale			
KLT	ī ĭ ē		ĕ	ā ă	ŏ	ō ŭ ū	
sizil. VLT	[i]		[ɛ]	[a]	[ɔ]	[u]	

Das sizilianische System

9.4 Das Kompromiss-System

Schließlich hat sich in den östlichen Regionen des römischen Reiches, in *Ostlukanien* und der *Balkanromania*, das *Kompromiss-System* entwickelt.

Es verhält sich auf der *palatalen* Seite wie das sogenannte vulgärlateinische System, auf der *velaren* Seite folgt es dem archaischen System.

In diesem Phänomen liegt die Erklärung für die vielen [u]-Laute, die für das Rumänische so charakteristisch sind.

	Palatale Vokale				Velare Vokale			
KLT	ī	ĭ ē		ĕ	ā ă	ŏ ō		ŭ ū
arch. VLT	[i]	[e]		[ɛ]	[a]	[ɔ]		[u]

Das Kompromiss-System

9.5 Abweichungen von der Tendenz der Systeme

Die zu Beginn dieses Kapitels dargestellte Synopsis gilt lediglich für die Vokale unter dem *Hauptton*. Sie ist freilich nicht in jedem Fall zwingend. Der Lautwandel kann von zahlreichen Faktoren abhängen.

Das Italienische hat dies im Vergleich zum Spanischen verdeutlicht. Der Einfluss der Silbenstruktur (frei / gedeckt) beeinflusst die Diphthongierung. Nur in freier Silbe diphthongierte das VLT [ɛ] zu *ie* [41].

Die unmittelbare lautliche Umgebung kann ebenfalls verantwortlich für eine Veränderung sein. Das Rumänische diphthongiert beispielsweise unter dem Einfluss eines *a*, *ă* oder *e* in der folgenden Silbe ein *a* zu *oa*:

FORMOSUS	>	*frumos,*
FORMOSA	>	*frumoasă*
FORMOSAE	>	*frumoase*

Ähnliches vollzieht sich für ein betontes *e* ein Nachbarschaft eines *a* oder *ă*:

| DIRECTUM | > | *drept* |
| DIRECTA | > | *dreaptă* |

Schließlich gibt es noch eine Reihe von benachbarten Lauten oder Lautgruppen (palatale, nasale, labiale u.a.), die direkten Einfluss auf die Veränderung der Laute nehmen können. Ein detailliertes Erläutern aller Faktoren sprengt den Rahmen dieser Darstellung.

Wir beschränken uns deshalb hier nur auf einige wenige Phänomene, die als charakteristisch für die jeweilige Sprache gelten können. In den unter Kapitel 11[42] zusammengestellten Lautentwicklungen finden sich die wichtigsten Beispiele für Einflüsse benachbarter Laute und Lautgruppen zusammengefasst.

---

[41] siehe die Beispiele auf S. 85
[42] S. 100 ff.

9.6 Nebentonvokale

Nebentonvokale können vor der betonten Silbe (vortonig) stehen oder nach ihr (nachtonig). Vortonigkeit kann zusätzlich noch mit dem Merkmal «im Anlaut» (*Anlautvokal*) und Nachtonigkeit außerdem mit dem Merkmal «im Auslaut» (*Auslautvokal*) vorkommen.

Auch die Nebentonvokale unterlagen dem Sprachwandel und weisen eine spezifische Entwicklung auf. Ein solches Phänomen ist auch im Deutschen zu beobachten: Wenn etwa das Wort *interessant* schnell gesprochen wird, ist meistens ein „*intressant*" zu hören. Das vortonige *e* verschwindet. Generell tendieren Nebentonvokale zur *Abschwächung*, da der eigentliche Tonträger die meiste Artikulationsenergie konsumiert. Besonders *Mitteltonvokale* in dreisilbigen Wörtern (sogenannte *Proparoxytona*) tendieren in einigen romanischen Sprachen zum Schwund:

KLT *hóm-i-nem* (Silbenstruktur: ´ ⌣ ⌣) wird zu VLT *hom-[ ]-ne*, vgl. frz. *homme*, sp. *hombre*, pg. *homem*, kat. *home*, rum. *om*.

In diesen Beispielen ist die Silbe mit dem Mitteltonvokal [i] ausgefallen. Das Italienische und Rumänische haben diese Entwicklung nicht mitgemacht: it. *uomini*, rum. *oameni*.
Im Auslaut tendieren die VLT-Endungen -o, und -a deutlich zur Abschwächung bis hin zum völligen Ausfall.
Die Übersicht über die Nebentonvokale beschränkt sich nur auf wesentliche Phänomene, die am häufigsten bei den Auslautvokalen auftreten. Vortonige Erscheinungen werden hier durch einen Bindestrich nach dem Vokal dargestellt, etwa: a-; Auslautvokale werden durch einen vorangestellten Bindestrich charakterisiert, etwa: -a.

Besonderheiten von Nebentonvokalen					
	I	E	A	O	U
FRZ	-	ə	-a>-e, [ə], a	o, -	[ɥ]
SPA	-/e	e	a	o	o
ITA	-i	e	a	o	o
POR	-/e	e [ə]	a [ɐ]	o [u]	o [u]
RUM	-i	e	a, ă	u	u, -
KAT	-	ə,e	a [ɐ]	o [u]	-
OKZ	-	ə,e	a [o]	o [u]	[ɥ]

Das Portugiesische hat die VLT- Auslautvokale deutlich abgeschwächt; in der Schrift sind -e , -a und -o erhalten geblieben. Typisch für das Portugiesische ist der Wandel des vor- und nachtonigen VLT o- Lauts zu einem gesprochenen [u]. Das nebentonige a wird [ɐ] ausgesprochen.

Im Spanischen und Italienischen haben sich die Auslautvokale -a, -o, -e des VLT halten können.

Das Katalanische entwickelt einen [ə]- Auslaut aus dem VLT e- Laut, ohne dabei die Graphie zu ändern. Als weitere Besonderheit wird der vortonige VLT o- Laut zwar im Katalanischen in der Schrift als o dargestellt, in der Aussprache wird hieraus aber ein [u]- Laut. Das auslautende VLT-o verschwindet wie im Französischen meist völlig.

Das Okzitanische macht aus dem VLT a-Laut im Auslaut ein gesprochenes [o], das allerdings weiter -a geschrieben wird. Daneben entwickelt es wie das Französische ein gesprochenes [ɥ] anstelle des VLT u- Lauts. Das vortonige o wird wie im Katalanischen zu [u].

Das Rumänische verwandelt auslautendes VLT-a in ein geschriebenes ă, das [ə] gesprochen wird. Da kurzes und langes KLT-u in der dem Rumänischen zugrunde liegenden Varietät des VLT einen u-Laut ergeben, der rumänisch [u] geblieben ist, erklärt sich hieraus die Häufigkeit des auslautenden -u bei rumänischen Nomina.

Aus den zahlreichen Veränderungen der Vokale im Auslaut erklären sich eine Reihe von morphologischen Unsicherheiten, die im VLT schließlich zum «Kollabieren» der endungsorientierten morphosyntaktischen Markierungen geführt haben. Auch hier liegt eine allmähliche Substitution von Funktionen vor.

10. Spezifische Charakteristika der Ost- und Westromania

Gemeinsame Charakteristika von romanischen Sprachen und Gruppen von Sprachen dienen zur besseren Identifizierung von Parallelitäten innerhalb der Romania. In der Interkomprehension bieten diese Gemeinsamkeiten große mnemotechnische Vorteile.

Die gemeinsamen Charakteristika in Gruppen der Romania waren Anlass für umfassende typologische Debatten. Denkbar sind beliebig viele Unterscheidungkriterien, allerdings nur, solange sie für ein Beschreibungsziel sinnvoll erscheinen. So ist es sicher sinnvoll, von einer Iberoromania zu sprechen, wenn man beispielsweise über den arabischen Einfluss auf die Lexik der Romania sprechen will. Er ist in dieser Gruppe am stärksten vertreten. Ebenso ist es sinnvoll, im Zusammenhang mit norditalienischen Dialekten, die eine Reihe von Gemeinsamkeiten eher mit dem Französischen als mit dem Italienischen teilen, von Galloromania zu sprechen.

Die für die Interkomprehension wichtigste Unterscheidung in der Familie der romanischen Sprachen ist die zwischen Ost- und Westromania. Die beiden Sprachgruppen unterscheiden sich durch eine Anzahl von strukturellen Charakteristika, die Rückschlüsse auf die protoromanische Phase zulassen und deren Kenntnis für den optimierten Erwerb der romanischen Sprachen von hohem Nutzen ist.

Geographisch wird die West- von der Ostromania getrennt durch eine gedachte West-Ost-Linie durch den italienischen Stiefel von *La Spezia* nach *Rimini*. Nördlich und westlich dieser Linie spricht man von der *Westromania*, südlich und östlich davon von der *Ostromania*.

Diese Linie teilt gleichzeitig die italienischen Dialekte auf. Das aus dem südlich der Linie gelegenen Toskanischen entstandene Italienische gehört somit wie das Rumänische zur Ostromania, die norditalienischen Dialekte sind westromanischer Prägung.

Die Trennungslinie ist auf die Ausbreitung römischer Besiedlung und den Grad der Urbanisierung zurückzuführen, aber auch andere Gründe können dabei eine Rolle gespielt haben.

Einige lautliche Charakteristika der Unterscheidung sind für die Interkomprehension von großem Nutzen:

10.1 Das Merkmal des auslautenden -s

Das klassischlateinisch **auslautende -s**, das sich in verschiedenen Deklinationen als Pluralmarkierungsphonem in Nominativ und Akkusativ bewährt hat, hatte offensichtlich im Bereich um Latium und auf dem Balkan keinen Bestand. Es tendierte dazu, stumm zu werden. Dies war besonders häufig der Fall, wenn ein weiterer Konsonant folgte:

tres feminas [trefeminas]

Das moderne Spanische in Andalusien und in weiten Bereichen Lateinamerikas kennt ein ähnliches Phänomen. Das auslautende -s als Pluralphonem wird immer stärker als vokalischer Nachlaut des Artikels oder des Nomens empfunden und kaum hörbar, allenfalls noch aspiratorisch vernehmbar, virtuell noch vorhanden, ausgesprochen:

Los vuelos para Miami salen a las cuatro
[loßuelo para Majami salen alakwatro]

Noch weiter ist das Neufranzösische gegangen. Zwar fungiert das Auslaut-s in der geschriebenen Sprache z.B. noch als Pluralmerkmal, in der gesprochenen Sprache ist es jedoch längst verschwunden, lediglich in der Liaison ist es als Restbestand noch erhalten. Der eigentliche Pluralmarker ist heute im *code oral* nur noch in der Phonemopposition des Artikels [lə/le] bzw. [la/le] zu finden.

la porte [laport] (die Tür) - *les portes* [leport] (die Türen)

Die schwache Position des Auslaut-s manifestierte sich vor allem in der Provinz um Rom und auf dem Lande. Es herrscht daher die Auffassung, dass ein Vernachlässigen des Auslaut-s Kennzeichen einer ländlich-provinziellen Aussprache gewesen sein soll.

Gestützt wurde die Tendenz des schwachen Auslaut-s von der Tatsache, dass es bereits in republikanischer Zeit satzphonetischen Bedingungen unterworfen war. Zwar wurde es vor Vokal als s gesprochen, doch vor Konsonanten kam das s in An- und Inlaut nur in vier Kombinationen (-sc-, -sp-, -st-, -ss-) vor, in denen es auch gesprochen wurde. Im Auslaut hingegen konnten satzphonetische Kombinationen mit dem Anfangskonsonanten des folgenden Worts entstehen (z. B. mit l, m, n, g, d, f), die innerhalb eines Wortes nicht vorkamen. In eben diesen Positionen verhielt sich das -s labil und verschwand. Lediglich in besonders «kultivierter» Aussprache, die eher in städtischen Kulturen vermutet wird, konnte es sich halten.

In den besonders von Stadtkulturen geprägten Gebieten Südfrankreichs und in den Küstenstädten der Iberoromania blieb das s als Merkmal des Plurals und der 2. Person weitgehend erhalten.

Eine weitere für die Interkomprehension besonders wichtige Rolle spielt das Endungs-s in der Konjugation zur Markierung der besonders häufigen 2. Person. Die Westromania bewahrt hier das Auslaut-s zur Markierung der Anrede du, in der Ostromania verschwindet es, und die Anrede der zweiten Person Sg. wird mit -i markiert.

Analog hierzu bleibt der s-Auslaut in der Markierung der 1. und 2. Person Plural in der Westromania weitgehend erhalten (Ausnahme ist das kat. *canteu*), in der Ostromania verschwindet er. Diese Regelmäßigkeiten sind von Bedeutung für die Interkomprehension, da hierdurch Verbalformen leicht sprachenübergreifend identifiziert werden können.

Die folgenden Tabellen geben eine Übersicht über dieses wichtige Unterscheidungsmerkmal romanischer Sprachen:

Ostromania		VLT	Westromania			
ital.	rum.		frz.	span.	port.	kat.
uomini	oameni	HOMIN/-I/-ES	hommes	hombres	homens	homes
buoni	buni	BONI/BONOS	bons	buenos	bons	bons

Die Pluralmarkierung durch Auslaut-i bzw. -s als Differenzierungskriterium zwischen Ost- und Westromania

Ostromania		VLT	Westromania			
ital.	rum.		frz.	span.	port.	kat.
canto	cânt	CANTO	chante	canto	canto	canto
canti	cânți	CANTAS	chantes	cantas	cantas	cantes
canta	cântă	CANTAT	chante	canta	canta	canta
cantiamo	cântăm	CANTAMOS	chantons	cantamos	cantamos	cantem
cantate	cântați	CANTATIS	chantez	cantáis	cantais	canteu
cantano	cântă	CANTANT	chantent	cantan	cantam	canten

Das Auslaut-i, bzw. -s der 2. Person als Differenzierungskriterium zwischen Ost- und Westromania

In der heutigen romanischen Interkomprehensionsforschung werden diese strukturellen Parallelitäten der romanischen Sprachen dazu genutzt, morphosyntaktische Erkennungsformeln für die gesamte Sprachenfamilie zu entwickeln:

Erkennen der 2. Person Sg.:

Die zweite Person ist in den westromanischen Sprachen in der Regel durch ein –s markiert, die ostromanischen markieren mit –i.

Westromania	-s
	fr.kat.sp.pg.
Ostromania	-i
	it. rum.

Erkennen der Pluralendungen:

Pluralendungen in der Ost-romania (vokal. Ausgang):

maskulin	feminin	ambigen(=f) (rum.)
-i	-e, -i	-uri

Pluralendungen in der Westromania (Ausgang auf –s):

o e a ( )	s

10.2 Das Merkmal der Sonorisierung

Ein weiteres charakteristisches Differenzierungsmerkmal betrifft die Gruppe der Verschlusslaute -p- -t- -k-[43]. Die Westromania tendiert intervokalisch zur *Sonorisierung* dieser drei Laute, d.h. sie werden unter Beteiligung der Stimmbänder ausgesprochen und entwickeln sich daher zu -b-, -d-, -g-. Der Sonorisierungsschub kann sogar noch weiter gehen und wie etwa im Spanischen [β], [ð], [ɣ] entwickeln oder intervokalisch ganz ausfallen, wie häufig im Französischen.

Ebenso tendieren die bereits sonoren lateinischen Laute -b- -d- -g- im Westen zu einer noch stärkeren Sonorisierung, was ebenfalls zu [β], [ð], [ɣ] (meist -v- -d- -g- geschrieben) oder gar zu vollkommenem Ausfall führen kann.

Das Portugiesische, Spanische und Französische sonorisieren -p- -t- -k-. Das Katalanische hat diese Sonorisierung mitgemacht; gerät aber der ursprünglich intervokalische Laut in den Auslaut, entfällt die Sonorisierung, obwohl das Katalanische ansonsten den westromanischen Charakteristika zuzuordnen ist.

Das Rumänische sonorisiert wie das Italienische in der Regel *nicht*. Anhand des italienischen Vokabulars kann man durch die Kenntnis des Sonorisierungsmerkmals oft sogar die Herkunft des Wortes bestimmen. Nach der Regel der Nichtsonorisierung müßte das italienische Wort für

---

[43] das -k- des Lateinischen ist immer ein geschriebenes -c-

den Strand von Venedig *lido* eigentlich nicht sonorisiert *lito* heißen, da das heutige Italienische toskanischer Provenienz ist, also südlich der gedachten Linie La Spezia-Rimini anzusiedeln ist. Das sonore -d- in lido zeigt uns, dass dieses Wort offensichtlich norditalienischer Provenienz sein muss, wie die westromanische Lautung -d-, aber auch die geographische Lage der berühmten Strände Italiens verraten.

Ostromania		VLT	Westromania			
ital.	rum.		frz.	span.	port.	kat.
capo	cap	CAPU(T)	chef	cabo, -eza	cabo, -eza	cap
sapere	--	SAPERE	savoir	saber [β]	saber	saber
ruota	roată	ROTA	rou ✕e	rueda [ð]	roda	roda
mutare	a muta	MUTARE	mu ✕er	mudar	mudar	mudar
giocare	a juca	IOCARE	jou ✕er	jugar	jogar	jugar

Sonorisierung von p-t-k als Differenzierungskriterium
zwischen Ost- und Westromania

10.3 Das Merkmal der Palatalisierung der ct-Gruppe

Die aus dem Lehnwort Faktum (lat. *factum*) bekannte Konsonantengruppe -ct- hat sich im Inlaut in den verschiedenen romanischen Sprachen unterschiedlich entwickelt. Die gesamte Westromania tendiert zu einer starken bis sehr starken *Palatalisierung*.

Palatalisierung bedeutet in der Sprachwissenschaft die Koartikulation eines beliebigen Konsonanten an der Stelle, an der üblicherweise das J ausgesprochen wird. Diese Stelle ist der vordere Gaumen, man nennt ihn lat. *palatum*, daher die Bezeichnung. Die Palatalisierung eines Konsonanten wird in der Romania normalerweise durch die unmittelbare Folge der beiden *palatalen Vokale i* und *e* ausgelöst. Es handelt sich hierbei um ein Phänomen, das man auch aus dem Deutschen kennt. Wenn man die folgenden fünf Wörter hintereinander spricht und dabei besonders auf die Qualität des [k]-Lauts achtet,

Kunde – Konto – Kante – Kegel - Kind

fällt auf, dass verschiedene [k]-Laute produziert werden. Der Vergleich der beiden extrem entgegengesetzten Laute, das [k] in Kunde und das [k] in Kind, macht die Unterschiede am deutlichsten.

Einige Sprachen, wie z. B. das Arabische, benutzen für diese Unterschiede verschiedene Symbolzeichen in ihrer Schrift; im Deutschen wird der [k]-Laut immer als ein und dasselbe Phonem betrachtet, da dieser Laut in unserem Sprachsystem - unabhängig von der Umgebung - immer ein und dieselbe Funktion wahrnimmt. Die verschiedenen deutschen k-Laute sind hier Allophone ein und desselben Phonems.

Versucht man, das [k] im Wort *Kinder* mit noch mehr Artikulationsenergie auszusprechen: Kinder -> Kjinder -> Tchinder, so vollzieht man eine solche Palatalisierung, indem aus einem an der J-Stelle [i], am Palatum, ausgesprochenen [k]-Laut ein [tʃ] wird.

In den romanischen Sprachen hat die Palatalisierung vor allem die [k]- und die [g]-Laute betroffen. Das anlautende k- vor e und i ist im Osten zu einem [tʃ] palatalisiert worden, in der Westromania ist der Palatalisierungsschub noch weitergegangen und endet bei einem s-Laut (im Spanischen [θ]).

Die Binnenlautung -ct- hat in der gesamten Westromania eine Palatalisierung unterschiedlicher Intensität erfahren, im Osten wurde hier nicht palatalisiert. Das Italienische hat das -ct- zu -tt- *assimiliert*, das Rumänische hat das -ct- zu -pt- *labialisiert*.

Ostromania		VLT	Westromania			
ital.	rum.		frz.	span.	port.	kat.
latte	lapte	LAC[TE]	lait	leche	leite	llet
otto	opt	OCTO	huit	ocho	oito	vuit
fatto	fapt (făcut)	FACTUM	fait	hecho	feito	fet

Palatalisierung von -ct- als Differenzierungskriterium
zwischen Ost- und Westromania

Die Interkomprehensionsforschung hat sich diese Parallelitäten in Sprachgruppen zu eigen gemacht. Die sieben Siebe der Methode EuroCom[44] nutzen diese Erkenntnisse für das zweite und sechste Sieb. Offensichtlich sind Lautentsprechungen für das Erkennen von Interlexemen, auf denen die lexikalischen Transferprozesse basieren, ebenso ein wichtiger Parameter wie für die Bildung einer Hypothesengrammatik, die bei der Texterschließung das Resultat des Transfers morphosyntaktischer Elemente darstellt.

10.4 Der Mitteltonvokal

Wörter, die im Lateinischen auf der drittletzten Silbe betont werden, belegt man mit dem griechischen Fachterminus *Proparoxytona*: KLT hómines und d[u]ódecim sind solche Worte. Bei der Betonung auf der drittletzten Silbe verliert automatisch der Mitteltonvokal (die vorletzte Silbe) an Intensität.

Hier ist ein weiteres Unterscheidungsmerkmal zwischen Ost- und Westromania zu finden. Während in der Ostromania der Mitteltonvokal in aller Regel erhalten bleibt, fällt er in der gesamten Westromania aus:

		VLT	**Westromania**			
ital.	rum.		frz.	span.	port.	kat.
uomini	oameni	HOMIN-I/-ES	hommes	hombres	homens	homes
dodici	-- doisprezece)	D[U]ODECIM	douze	doce	doze	dotze

Der Ausfall des Mitteltonvokals in Proparoxytona als Differenzierungskriterium zwischen Ost- und Westromania

10.5 Weitere regionale Differenzierungen in der Romania

Diese wenigen aus der historischen Lautlehre ausgewählten Unterscheidungskriterien sind nur einige Möglichkeiten, um die areale Gliederung der Varietäten des gesprochenen Latein zu dokumentieren. Offensichtlich

---

[44] Klein/Stegmann 2000

gab es regionale und überregionale gemeinsame Tendenzen, die nicht allein mit dem jeweiligen ethnischen Substrat erklärbar sind.

Aus der Lexik, der Morphologie und auch aus der Syntax lassen sich weitere gruppenspezifische Merkmale für Varietäten des gesprochenen Latein herausfiltern:

So kann man etwa in der Lexik der Frage nachgehen, wie die häufigsten Standardausdrücke für das adjektivische Modewort *schön* (*formosus* vs. *bellus*) in der Romania verteilt sind oder etwa fachsprachliche Ausdrücke für das Verbum *kochen* (*fervere* vs. *bullire*) oder küstenbezogene Ausdrücke für den *Sand* (*[h]arena* vs. *sabulum*). Hier gibt es erstaunliche Details zur Dokumentation der beiden grundsätzlichen Trends von Konvergenz und Divergenz, die in der Interkomprehensionsforschung für die Ermittlung der sogenannten *Profilwörter*[45] genutzt werden. Dies sind Wörter, die durch ihre Divergenz den romanischen Einzelsprachen oder Sprachgruppen ein Profil verleihen, auf das beim interkomprehensiven Zugang besonders geachtet werden muss:

FR	IT	KT	PG	RM	SP
abîmer	guastare	espatllar	estragar	a strica	estropear
d'abord	prima	primer	primeiro	mai întâi	primero
affreux	spaventoso	espantós	pavoroso	groaznic	espantoso
agneau	agnello	xai	cordeiro	miel	cordero
après-midi	pomeriggio	tarda	tarde	după-amiază	tarde
argent (2)	argento, soldi	diners	prata, dinheiro	argint, bani	plata, dinero
arrêt	fermata	parada	paragem	oprire	parada
arrêter	fermarsi	parar, aturar	parar	a (se) opri	pararse
arrière	(in)dietro	endarrere	atrás	înapoi	atrás
arriver	arrivare	arribar	chegar	a sosi	llegar
assiette	piatto	plat	prato	farfurie	plato
aussi	anche	també	também	și	también
besoin	bisogno	necessitat	necessidade	nevoie	necesidad

---

[45] Eine umfangreiche Profilwortliste findet sich in Klein/Stegmann 2000, S. 147-152

beurre	burro	mantega	manteiga	unt	mantequilla
bientôt	fra poco	aviat, prest	em breve	(în) curând	pronto
bierre	birra	cervesa	cerveja	bere	cerveza
blé	grano	gra	trigo	grâu	trigo

Einige Profilwörter der romanischen Sprachen

In der Morphologie weist die Entwicklung unterschiedlicher Kasussysteme auf regionale Spezifizierungen hin: So hat das Französische in seiner älteren Sprachstufe, dem Altfranzösischen, durchgehend ein Zweikasussystem, den *casus rectus* («gerader» Fall, dem Nominativ entsprechend) und den *casus obliquus* («schiefer» Fall, dem Akkusativ, entsprechend repräsentativ für die übrigen Fälle). Im Westen der Romania hat sich weitgehend der casus obliquus durchgesetzt. Einige wenige Doubletten im heutigen Französischen (*on* [< c.r.: homo] und *homme* [< c.o. hominem]; *sire, monsieur* [< c.r. senior] *seigneur* [< c.o. seniorem]) bezeugen dieses altertümliche Kasussystem. Während die westliche Romania fast ausschließlich den casus obliquus zur Grundlage genommen hat, partizipiert das Italienische in der Morphologie (z.B. Pluralbildung) am casus rectus, in der Lexik folgt es weitgehend dem casus obliquus.

Das Rumänische kennt ein *eigenes Zweikasussystem*, das eine für Nominativ und Akkusativ identische Form benutzt und Genitiv und Dativ in einer gemeinsamen Form zusammenfasst. (Daneben kennt es einen eigenen, systemintern modifizierten Vokativ). Die übrigen romanischen Sprachgebiete präferierten offensichtlich den *casus obliquus*.

Weitere morphologische und syntaktische Gemeinsamkeiten und Unterschiede werden in Kapitel 16[46] beschrieben.

---

[46] Seite 157 ff.

11. Die sogenannten Lautgesetze

Die historisch-vergleichende Sprachwissenschaft der achtziger Jahre des 19. Jahrhunderts war geprägt durch eine positivistische Aufwertung naturwissenschaftlichen Denkens. Sprachwandel sollte in zunehmendem Maße als exakte Wissenschaft im Sinne der Naturwissenschaft verstanden werden. Die Junggrammatiker (ursprünglich ein Spottname ihrer wissenschaftlichen Gegner) erarbeiteten sogenannte *Lautgesetze,* die den Sprachwandel der Ausnahmslosigkeit dieser Gesetze unterwarfen. Hauptthese war, dass Lautwandel phonetisch bedingt und ausnahmlos sei. Ausnahmen zu einem Lautgesetz - so meinte die neogrammatische Schule - sei nur durch die Interferenzwirkung weiterer Lautgesetze oder formaler Analogien oder durch Einflüsse von autochthonen oder fremden Entlehnungsformen möglich. Für die Erforschung der Sprachentwicklung des gesprochenen Latein im Hinblick auf die heutigen romanischen Sprachen war die These von den Lautgesetzen, auch wenn sie in ihrem absolutistischen Anspruch bald als widerlegt galt, ein wichtiger Meilenstein. Die Romanische Philologie verdankt dieser Zeit große Standardwerke wie die Grammatik der romanischen Sprachen (1890-1902) und das Romanische etymologische Wörterbuch (=REW) von Wilhelm Meyer-Lübke (1911). Beide Werke gelten noch heute als wichtige Systematisierung und Materialsammlung zur romanischen Lautentwicklung.

Anhand einer Auswahl wesentlicher Lautentwicklungen einiger romanischer Einzelsprachen wird veranschaulicht, von welcher Bedeutung diese Regelmäßigkeiten sind, wenn sie unter dem interkomprehensiven Gesichtspunkt des Erwerbs rezeptiver Kompetenz in der romanischen Sprachenfamilie betrachtet werden. Dabei wird freilich kein (unangemessener) Absolutheitsanspruch erhoben.

11.1 Komplexität der Ableitungen

Um die Komplexität sprachhistorischer Ableitungen zu dokumentieren, sei hier auf ein Beispiel aus der Französischen Sprachgeschichte von Berschin, Felixberger und Goebel[47] verwiesen, auf die Ableitung von klt. *hōra* zu nfr. *heure*:

		hōra
R_1 h → Ø	Klt. [h] fällt im Vlt. aus	ōra
R_2 ō → o̥	Klt. langes [o] wird zu vlt. geschlossenem [o]	ó̥ra
R_3 r → r | V__a	Klt. [r] bleibt zwischen Vokal und [a] erhalten	ó̥ra
R_4 a → ə | ___(K) (K) # -betont	Vlt.[a] wird in tonloser Endsilbe zu afr. [ə]	ó̥rə
R_5 o̥ → ou̯ | ___[+betont zu afr.[ou̯]	Vlt. geschloss.[o] diphthongiert in off. Tonsilbe	óu̯rə
R_6 ou̯ → eu̯	Diphthong [ou̯] wird im Afr. zu [eu̯] palatalisiert	eu̯rə
R_7 eu̯ → ö	Diphthong [eu̯] monophthongiert im Afr. zu [ö]	ö́rə
R_8 ə → Ø | V (K)___#	afr.[ə] im Auslaut entfällt nach Vokal od. einfacher Konsonanz im Nfr.	ö́r
R_9 r → ʀ	afr. apiko-alveolares [r] wird nfr. dorsales [ʀ]	ö́ʀ
R_{10} ö → ö̜ | ___ʀ]	afr.[ö] in geschloss. Silbe vor [ʀ] nfr. offen ausgesprochen	ö̜́ʀ

11.2 Abweichungen von Lautentwicklungen

Regelmäßige Entwicklungen von Wörtern aus dem KLT über das VLT zu den romanischen Sprachen, die in Übereinstimmung mit den «Lautgesetzen» zu sehen sind, nennt man in der Romania *Erbwörter*. Sie stellen den Erbwortschatz aller romanischen Sprachen dar. Daneben gibt es aber eine Reihe von Wörtern, die eine ganz andere als die den «Lautgesetzen» entsprechende Entwicklung erlebt haben. Es sind dies größtenteils Wörter, die erst viel später, zu einem Zeitpunkt, als die romanischen Volkssprachen bereits etabliert waren, aus dem Gelehrtenlatein entlehnt wurden. Diese *Buchwörter* sind aus der lateinischen Schriftsprache stammende Entlehnungen. In vielen Fällen hat nur das Buchwort überlebt und das Erbwort ist untergegangen. Mit Hilfe der «Lautgesetze» lässt sich ablesen, wann das Wort entlehnt wurde. Im Falle, dass Buchwort und Erbwort bis

---

[47] Berschin u.a. 1978, S. 30

in die Gegenwart überlebt haben, spricht man von *Doubletten*. Charakteristisch für Doubletten - im Französischen besonders häufig - sind Bedeutungsnuancen.

Erbwort		VLT	Buchwort	
frz.	dt.		frz.	dt.
froid	kalt	FRIGIDUs	frigide	frigid
pâtre	Hirte	PASTORem	pasteur	Pastor
naïf	naiv	NATIVUs	natif	angeboren
frêle	zart, schwach	FRAGILis	fragile	zerbrechlich
écouter	zuhören	AUSCULTARE	ausculter	untersuchen
août	August	AUGUSTUs	auguste	erhaben
poison	Gift	POTIONEm	potion	Trunk, Trank
rançon	Lösegeld	REDEMPTIONem	rédemption	Erlösung

Doubletten im Französischen

11.3 Westromanische Lautentwicklungen

Zum Verständnis der nachfolgenden Lautentwicklungen ist auf einige Schreibkonventionen zu achten:

PLENUM	KLT-Wörter werden grundsätzlich groß geschrieben.		
PLENum	Kleinbuchstaben beim VLT-Wort.		
plein	Wörter in romanischen Sprachen werden kursiv gedruckt.		
>	"entwickelt sich zu ..."	<	"ist entstanden aus ..."
o-	o- steht im Anlaut	-o	-o steht im Auslaut
-o-	-o- steht intervokalisch		
[k]	gesprochener [k]-Laut; c oder qu geschrieben		
y	palataler Laut: meist [e], [i] oder [j].		
a]^y	a gefolgt von einem palatalen Laut (e,i)		
a]^y]	a gefolgt von einem palatalen Laut in geschlossener Silbe		

a]ʸ[a gefolgt von einem palatalen Laut in offener Silbe
a]ʸ][a gefolgt von einem palatalen Laut in offener oder geschl. Silbe
* rekonstruierte, angenommene Ausgangsform

11.3.1 Einige typische portugiesische Lautentwicklungen

-o > [u]	Geschrieben: -o
-m	Nasaliert den vorangehenden Vokal: *bom* [bõ], *fim* [fĩ], *um* [ũ], *bem* [bɛ̃], *-am* [ã]
~	Nasalzeichen: nach dem mit der Tilde versehenen Vokal ist sprachhistorisch ein /n/ zu ergänzen: *cães* < CANES; *razões* < RATIONES; *grãos* < GRANOS
-n- > ./.	Intervokalisches -n- fällt aus: LUNAm > *lua*; oft verschwindet eine ganze Silbe, wie z.B: TENERE > *ter*; GENERAL > *geral*; GENERATOR > *gerador*
-l- > ./.	Intervokalisches -l- fällt aus: SALUTEm > *saude*
n]y > nh [nj]	Palatalsierung des n-Lauts
l]y > lh [lj]	Palatalsierung des l-Lauts
	Typisches Kennzeichen der westroman. Sprachen: Sonorisierung
-p- > -b-	CAPU > *cabo*
-t- > -d-	ROTAm > *roda*
-k- > -g-	LACUm > *lago*
-ct- > it	Palatalisierung der ct-Gruppe: NOCTEM > *noite*; OCTO > *oito*
cl- pl- > ch [ʃ] fl-	CLAVEm > *chave* PLENUm > *cheio* FLAMMAm > *chama*
bl- > br	*BLANK (germ.) > *branco*
pl- > pr	*PLATTEA > *praça*; PLACERE > *prazer*
t]y > z ç	RATIONES > *razões* NATIONES > *nações*

-itia > -eza	CERTITIA > *certeza*
-tionem > -zão	RATIONEm > *razão*
-ção	NATIONEm > *nação*
-tatem > -dade	CI(VI)TATEm > *cidade;* UNIVERSITATEm > *universidade*
	Geminaten werden zu einfachen Konsonanten (außer ll): OFFICIUM > *ofício;* COMMUNITATEM > *comunidade* **Mitteltonvokal in Proparoxytona fällt aus:** HOMINEm > *homem*; DODECIm > *doze*; DOMINAm > *dona*

In der Interkomprehensionslehre werden Lautgesetzlichkeiten benutzt, um strikt synchron, also ohne Berücksichtigung der eigentlichen historischen Entwicklung, Lautentsprechungen lernökonomisch zu nutzen. Dabei werden die Entsprechungen innerhalb der Sprachengruppe mnemotechnisch gegenübergestellt:

LE11	**ch-[ʃ]** *chave, chamar*	≅	cl chi [kʲ] cl che [kʲ] ll [lʲ]	fr. *clef (clé), [ac]clamer* it. *chiave, chiamare* kat. *clau, clamar* rum. *cheie, a chema* sp. *llave, llamar*

LE12	**ch-[ʃ]** *cheio, chão*	≅	pl pi [pʲ] pl pl ll [lʲ]	fr. *plein, plan* it. *pieno, piano* kat. *ple, pla* rum. *plin, plan* sp. *lleno, llano*

LE13	**ch-[ʃ]** *chama*	≅	fl fi fl fl ll [lʲ]	fr. *flamme* it. *fiamma* kat. *flama* rum. *fl-* [*flaut, fluviu*] sp. *llama*

LE12a ,b	br-; pr- branco, praça, prazer	≅	bl-, pl- bi-, pi- [bʲ, pʲ] bl-, pl- bl-, pi-, pl- bl-, pl-	fr. *blanc; place, plaire* it. *bianco; piazza, piacere* kat. *blanc; plaça, plaure* rum. *(bl--); piață* [<it.], *a place* sp. *blanco; plaza, placer*

11.3.2 Einige typische spanische Lautentwicklungen

e][> ie o][> ue	TEMPU > *tiempo*, PEDEm > *pie* ROTAm > *rueda*
a]ʸ > e o]ʸ > u e]ʸ > i	BASIARE > *besar* LACTE > *leche* MOLIERE > *mujer* Inf. *dormir* > perf. s. *durmió* Inf. *vestir* > perf. s. *vistió*
-u, -o > -o	Endungs-o spanischer maskuliner Nomina
-a > -a	Endungs-a spanischer femininer Nomina
r,l,n,s,t,d]e	Das -e fällt aus: PANEm > *pan* CANTARE > *cantar*
b/v	Fallen im Anlaut als [b], im intervok. Inlaut als [v] zusammen: *Valencia* [balenθja], *haber* [aver]
-v-] ᵒ,ᵘ >	-v- fällt intervokalisch aus: RIVUm > *río*
-qu- > -gu- qu]ᵉ,ⁱ > k qu]ᵃ > kw	Intervokalische Sonorisierung: AQUAm > *agua* QUEM > *quien* [kjen] QUANDO > *cuando* [kwando]
[g]ʸ > y [g]ᵉ,ⁱ > y t]ʸ > z k]ʸ > z	FAGAm > *haya* LEGEm > *ley* PUTEUm > *pozo* RATIONEm > *razón*
l]ʸ >ll[lj], j[χ] n]ʸ >ñ[nj] y]ᵒ,ᵘ >j [χ] y]ᵉ,ᵃ >	FOLIATICUm> *follaje*, FOLIA> *hoja* SENIOREm > *señor* IUVENEm > *joven* Das y fällt aus: IANUARIu > *enero*
k]ᵉ,ⁱ > c[θ] f- > h[./.]	FACERE > *hacer* [aθer] FACERE > *hacer*

		Typisches Kennzeichen der westroman. Sprachen: Sonorisierung		
-[p]-	> -b-	RIPAm	> riba [ß]	
-[t]-	> -d-	ROTAm	> rueda [ð]	
[k]-	> -g-	LACUm	> lago [ɣ]	
cl-		CLAVEm	> llave	
pl-	>ll [lj]	PLENUm	> lleno	
fl-		FLAMMAm	> llama	
-[g]-	> g, ./.	ROGO	> ruego	LEGALE > leal
-ct-	> ch	OCTO	> ocho	
-lt-	> ch	MULTUm	> mucho	
t]y	> z	RATIONES	> razones [θ]	
	> c	NATIONES	> naciones [θ]	
-itia	>-eza	CERTITIA	> certeza [θ]	
tionem	>-zón	RATIONEm	> razón [θ]	
	>-ción	NATIONEm	> nación [θ]	
-tatem	> -dad	CI(VI)TATEm > ciudad; UNIVERSITATEm > universidad		
-rr-		Außer rr, nn und ll fallen alle Geminaten:		
-nn-	> ñ	OFFICIUM > oficio; COMMUNITATEM > comunidad;		
-ll-	> [lj]	Mitteltonvokal in Proparoxytona fällt aus :		
		HOMINEm > hombre; DODECIm > doce; DOMINAm > doña		

In der interkomprehensionsgestützen Mehrsprachigkeitsdidaktik finden diese Lautentwicklungen eine synchrone Anwendung: So werden beispielsweise die Lautentsprechungen des spanischen ñ und ll wie folgt dargestellt[48]:

LE3	ñ señor, viña, campaña	≡	gn gn ny nh ne [nʲ], ni [nʲ], ./.	fr. seigneur, vigne, campagne it. Signore, vigna, campagna kat. senyor, vinya, campanya pg. senhor, vinha, campanha rum. senior, vi*e, campanie

---

[48] Klein/Stegmann 2000, S. 91 ff.

Da das sp. *ñ* aber auch aus einem lat. *nn* entstanden sein kann, hat es auch Entsprechungen mit Nasallautungen (Nasalzeichen ~, *n*, *ny* oder *nn*) in anderen romanischen Sprachen:

LE3a	**ñ** *año*	≅	n nn ny n n	fr. *an* it. *anno* kat. *any* pg. *ano* rum. *an(ul)*

Der palatalisierte L-Laut im Spanischen hat die Schreibweise *ll*, die nur im Katalanischen identisch vorkommt, in der übrigen Romania aber anders aussieht:

LE4	**ll** *follaje, batalla* [aber auch: *hoja*]	≅	il(l) gl ll lh i /li	fr. *feuillage, bataille* it. *fogliame, battaglia* kat. *fullatge, batalla* pg. *folhagem, batalha* rum. *foaie, bătaie (bătălie)*

Die spanische Entsprechung für das anlautende *cl-*, *pl-*, *fl-* kann ebenfalls ein *ll-* sein. Zu den drei verschiedenen Konsonantenkombinationen in dem französischen Satz

La clef (clé) est dans une salle pleine de flammes[49].

kennt das Spanische jeweils nur *eine* Entsprechung, nämlich ein *ll-*:

La llave está en una sala llena de llamas.

Demzufolge sehen aus spanischer Sicht die Lautentsprechungen folgendermaßen aus:

LE11	**ll** [lʲ] *llave, llamar*	≅	cl chi [kʲ] cl ch [ʃ] che [kʲ]	fr. *clef (clé), [ac]clamer* it. *chiave, chiamare* kat. *clau, clamar* pg. *chave, chamar* rum. *cheie, a chema*

---

[49] dt.: Der Schlüssel ist in einem Raum voller Flammen.

LE12	ll [lʲ]	≡	pl	fr. *plein, plan*
			pi [pʲ]	it. *pieno, piano*
			pl	kat. *ple, pla*
	lleno, llano		ch[ʃ]	pg. *cheio, chão*
			pl	rum. *plin, plan*

LE13	ll [lʲ]	≡	fl	fr. *flamme*
			fi	it. *fiamma*
			fl	kat. *flama*
	llama		ch[ʃ]	pg. *chama*
			fl	rum. *fl- (inflamare)*

Die Existenz von sp. *hoja* (Blatt) neben *follaje* (Laubwerk) bei LE4 zeigt, dass auch ein geschriebener *j*-Laut (= [χ]), Verwandtschaft mit den Graphien des palatalen *l* haben kann.

Dabei sind insbesondere die folgenden Entsprechungen von Belang:

LE14	j [χ]	≡	il(l)	fr. *oreille, vieil/le [vieux]*
			cchi	it. *orecchio, vecchio, vecchia*
			ll	kat. *orella, vell, vella*
	oreja, viejo/-a		lh	pg. *orelha, velho, velha*
			chi	rum. *ureche, vechi, veche*

11.3.3 Einige typische katalanische Lautentwicklungen

-′]ᵒ,ᵉ > ./.	CAPU > *cap;* CORTEm > *cort*: Verlust der Auslautsilbe
-'k]y > ç	BRACCHIUM > *braç*
l- > ll [lj]	LUNAm > *lluna*; LACUm > *llac*
-'l]y > ll	FOLIUm > *full*
-'nn- > ny	ANNUm > *any*
-ce, -ci > -u	PACEM > *pau*
-d- > -u-	RIDERE > *riure*
-t, -tis > -u	CADIT > *cau;* PORTATIS > *portau*
-v, -b]e > -u	CLAVE > *clau*

EuroComRom: Historische Grundlagen

		Typisches Kennzeichen der ostroman. Sprachen: Geht in der p-t-k Gruppe die lat. Auslautsilbe auf -us, -um oder –em aus, so verkürzt sich der katalanische Wortkörper um eine Silbe, p-t-k treten so in den Auslaut und werden nicht sonorisiert:
-'p]	> p	CAPU > *cap*
-'t]	> t	AMATUm > *amat*
-'k]	> k	AMICUm > *amic*
		Typisches Kennzeichen der westroman. Sprachen: Folgt allerdings auf p-t-k eine (lat.) Auslautsilbe auf -a, so bleibt diese Silbe im Katalanischen erhalten, p-t-k werden intervokalisch sonorisiert:
-[p]-	> -b-	RIPAm > *riba*
-[t]-	> -d-	ROTAm > *roda*
-[k]-	> -g-	SECURu > *segur*
cl-	> cl	CLAVEm > *clau*
pl-	> pl	PLENUm > *ple*
fl-	> fl	FLAMMAm > *flama*
-ct-	> it	FACTUm > *fait* > *fet*; NOCTEM > *nit*; LACTE > *llet*
-itia	>-eza	CERTITIA > *certeza*
-tionem	>-ció	NATIONEm > *nació*
-tatem	> -tat	CI(VI)TATEm> *ciutat*; UNIVERSITATEm > *universitat*
		Geminaten werden zu einfachen Konsonanten. **Mitteltonvokal in Proparoxytona fällt aus:** HOMINEm > *home*; DODECIm > *dotze*; DOMINAm > dona

Hier das Beispiel einer besonders komplexen Lautentsprechung im Katalanischen aus der Interkomprehensionsforschung[50]:

---

[50] Katalanische Lautentsprechungen s. Klein/Stegmann 2000, S. 84 ff.

LE6	-au -au- *pau, cau, clau portau, taula*	≅	c [k] d v t b	+ e,i + l	pacem cadit clavem portatis tab(u)la	fr. *paix, choit, clé, portez, table* it. *pace, cade, chiave, portate, tavola* pg. *paz, cai, chave, portais, [tábua]* rum. *pace, cade, cheie, purtați,[tabla]* sp. *paz, cae, llave, (os) portáis, [tabla]*

11.3.4. Einige typische französische Lautentwicklungen

-e, -o, -u > ./. -a > -e	Auslautvokale
[ē] >oi [wa]	LEGEM > *loi*; REGEM > *roi*
[ō] > eu[œ]	POPULUm > *peuple* [œ]
> ou [u]	MORIRE > *mourir* [u]
[á] > e	CAPU > *chef*; CLAVEM > *clef*
[ū] > u [ɥ]	SALUTEm > *salut* [ɥ]
Vok] +n(KONS)	Nasalvokal BONUm > *bon* [bõ]
n(n)+Vok	> Nasalierung entfällt: BONAm > *bonne* [bɔn]
-d- > ./.	RIDERE > *rire*; VEDUTA > *vue*
-b- > ./.	CANTABAT > *chantait*
-v- > ./.	CIVITATEm > *cité*
-g- > ./.	LEGEM > *loi*
n]ʸ > gn[nj]	CAMPANIAm > *campagne*
l]ʸ > ille [j]	FILIAm > *fille*
a,e,i,o,u]ˢ⁺ᴷᴼᴺˢ > â, ê, î, ô, û	VOSTRUM > *[le] vôtre*
-ct- > it	FACTUM > *fait* ; NOCTEM > *nuit*
-cl- >il(le)[y]	PARIC[u]Lum> *pareil* ; APICuLA > *abeille*
c]á > ch [ʃ]	CAPRA > *chèvre*; CANTARE > *chanter*

-[p]->-v-	RIPAm	> rive
-[t]- >-d- >./.	ROTAm	> roue
-[k]- > -g- >./.	AMICUM	> ami
-tatem> -té	CI(VI)TATEm > cité; POSSIBILITATEm > possibilité	
-tionem>-tion	NATIONEm > nation	
–ilium,-a(m) >-eil(le)	MIRABILIA > merveille	
-iculum,a(m) >-eil(le)	APPARICuLum > appareil	
	Geminaten fallen, bleiben aber graphisch erhalten: COLLEGAm > collègue, gesprochen: [l] **Mitteltonvokal in Proparoxytona fällt aus:** HOMINEm > homme; DODECIm > douze	

Die folgenden Lautentsprechungen aus der Interkomprehensionsforschung sind Beispiele für die häufige französische Endung –age, den j-Anlaut und die Entsprechungen für die mit Zirkumflex markierten Wörter, die auf ein ausgefallenes –s hinweisen[51]:

CF19	**-age** voyage, péage, massage	≅	-aggio -atge -agem -aj -aje	it. *viaggio, pedaggio, massaggio* cat. *viatge, peatge, massatge* por. *viagem, peagem, massagem* rom. *voiaj, peaj, masaj* sp. *viaje, peaje, masaje*

CF19b	**j-,-j-** jeune, majeur	≅	g- [dʒ], -g- j-, -j-, -y-, -i-	it. *giovane, maggiore* cat. *jove, major* por. *jovem, maior* rom. *june, major* sp. *joven, mayor*

---

[51] Giudicetti/Maeder/Klein/Stegmann 2002, S. 76 ff. Das Transferpotential zum Französischen findet sich in der italienischen Adaptation, da in der deutschen Ausgabe der 7 Siebe das Französische als Brückensprache fungiert und daher keine Zielsprache ist.

CF20	-â, ê, î, ô - -û- châtaigne, tête, côte, août	≅	voc + s	it. *castagna, testa, costa, agosto* cat. *castanya, testa, costa, agost* por. *castanha, testa, costa, agosto* rom. *castană (ţeastă), coastă, august* sp. *castaña, testa, costa, agosto*

11.4 Ostromanische Lautentwicklungen

11.4.1. Einige typische italienische Lautentwicklungen

e[> ie	PEDEm	> *piede*	
o[> uo	ROTAm	> *ruota*	
au > o	AURUm	> *oro*	
e]^(b,m) > o	DEBERE	> *dovere*; *DE MANE	> *domani*
-u, -o > -o	MURUm	> *muro*	
-a > -a	FLAMMAm	> *fiamma*	
-e > -e	LEGEm	> *legge*	
[k]^(e,i) > c [tʃ]	CENA	> *cena*; C(A)ELUm	> *cielo*
[qu]^(e,i)> ch [k]	QUIS, QUID	> *chi, che*	
[qu]^a>qu[kw]	QUANDO	> *quando*	
[g]^(e,i)> gg [ddʒ]	LEGEm	> *legge*	
d]^y > gg [ddʒ]	HODIE	> *oggi*	
t]^y > zz	PUTEUm	> *pozzo*; PRETIUm	> *prezzo*
k]^y > cci [tʃ]	BRACCHIUm	> *braccio*	
l]^y > gl [lj]	FOLIA	> *foglia*	
n]^y > gn [nj]	VINEA	> *vigna*	
y]^(o,u) > gi [dʒ]	IUVENEm	> *giovane*	
-[y]-> ggi [ddʒ]	MAIU	> *maggio*	
	Typisches Kennzeichen der ostroman. Sprachen:		
-[p]- > erhalten	SAPERE	> *sapere*	
-[t]- > erhalten	PRATUm	> *prato*	
-[k]- > erhalten	FOCUm	> *fuoco*	

cl- > chi [kj]	CLAVEm	> *chiave*
pl- > pe [pj]	PLENUm	> *pieno*; PLUS > *più*
fl- > fi [fj]	FLAMMAm	> *fiamma*; FLOREm > *fiore*
-ct- > tt	OCTO	> *otto*
-pt- > tt	ADAPTARE	> *adattare*
-tatem > -tà	CI(vi)TATEm	> *città*; POSSIBILITATEm > *possibilità*
-tionem > -ione	NATIONEm	> *nazione*
dis- > s-	DISCONTU	> *sconto*
	Geminaten bleiben erhalten u. werden als Doppellaut gesprochen. **Mittentonvokal in Proparoxytona bleibt erhalten:** DODECIm > *dodici*; *HOMINI > *uomini*	

Als besonders typisch für die italienischen Lautentsprechungen seien hier die panromanischen Graphienvergleiche zu den palatalisierten n- und l-Lauten sowie die Assimilation von pt und ct zitiert[52]:

LE3	**gn** *signore, vigna, campagna*	≅	**gn** **ny** **nh** **ne [nʲ], ni [nʲ], ./.** **ñ**	fr. *seigneur, vigne, campagne* kat. *senyor, vinya, campanya* pg. *senhor, vinha, campanha* rum. *senior, vi*e, campanie* sp. *señor, viña, campaña*

LE4	**gl** *foglia, battaglia*	≅	**il(l)** **ll** **lh** **i /li** **j [χ], ll**	fr. *feuille, bataille* kat. *fulla, batalla* pg. *folha, batalha* IW Folie rum. *foaie, bătaie (bătălie)* sp. *hoja, batalla*

---

[52] Klein/Stegmann 2000, S. 72 ff.

| LE5 | tt
otto, notte,
latte, lotta,
adattare | ≅ | it, utt
it, et
it, ut
pt
ch [tʃ] | pt | fr. *huit, nuit, lait, lutte*; *adapter*
kat. *vuit, nit, llet, lluita*; *adaptar*
pg. *oito, noite, leite, luta*; *adaptar*
rum. *opt, noapte, lapte, luptă*; *a adapta*
sp. *ocho, noche, leche, lucha*; *adaptar* |

11.4.2. Einige typische rumänische Lautentwicklungen

e] > ie	FERRUm	> *fier*	
i] > e	PLICO	> *plec*	
u] > u	CRUCEm	> *cruce*; FURCA	> *furcă*
a]ⁿ > â (î)	ROMANUm	> *român*; PANEm	> *pâine*
e]ⁿ > i	PLENUm	> *plin*; TEMPUs	> *timp*
o]ⁿ > u	BONUm	> *bun*	
e]ᵃ'ă > ea	NEGRAm	> *neagră*	
e]ᵃ'ă > iea > ia	PETRAm	> *piatră*	
o]ᵃ'ă'ᵉ > oa	SOLEm	> *soare*	
-qu]ᵃ > p	AQUAm	> *apă*	
-qu-]ᵉ'ⁱ > tʃ	AQUILAm	> *acere*	
-ct- > pt	OCTO	> *opt*	
-x- > ps	COXAm	> *coapsă*; (oder > s LAXARE > *lăsa*)	
-ngu]ᵃ > mb	LINGUAm	> *limbă*	
-ll]ʸ > ./.	FOLIAm	> *foaie*	
-n]ʸ > ./.	VINEAm	> *vie*	
-gn- > mn	LIGNUm	> *lemn*	
-l- > r	SOLEm	> *soare*	
l]ᵉ'ⁱ > ie	LEPOREm	> *iepure*	
[y]t]ʸ > ț [ts]	PRETIUm	> *preț*	
k]ʸ > ț [ts]	BRACCHIUm	> *braț*	
d]ʸ > z	DEUm	> *zeu*	
s]ʸ > ș [ʃ]	SIC	> *și*	

EuroComRom: Historische Grundlagen 115

cl- >chi [kj]	CLAVEm	> cheie
gl- >ghi [gj]	GLACIEm	> ghiață
sc]^(e,i) > șt [ʃt]	SCIRE	> şti(re); SCIENTIAm > ştiintă
-str]^i>ştri[ʃtr]	MINISTRI	> miniştri
-v- > ./.	CIVITATE	> cetate
-tionem>țiune	NATIONEm	> națiune
-tatem >-tate	UNITATEm	> unitate
	Typisches Kennzeichen der ostroman. Sprachen:	
-[p]-> erhalten	SAPONEm	> săpun
-[t]-> erhalten	ROTA	> roată
-[k]-> erhalten	FOCUm	> foc
	Geminaten werden zu einfachen Konsonanten. Mitteltonvokal in Proparoxytona bleibt erhalten: ANIMAm > inimă; *HOMINI > oameni.	

Für die rumänischen Interkomprehensionsentsprechungen besonders auffallend sind die Bewahrung des u-Lauts und die Veränderung der o-basierten Lautentsprechungen der übrigen romanischen Sprachen zu -oa-:[53]

LE1	u nume bun	≅	o, ue, uo	fr. *nom, bon* it. *nome, buono* kat. *nom, bo(n)* pg. *nome, bom* sp. *nombre, bueno*

Der rumänische Diphthong *oa* ist unter den velaren Vokalen besonders typisch. Er entsteht u.a. beim Anhängen einer Femininendung *-ă* an ein Adjektiv, dessen männliche Form ein -o- enthält, wie z.B. *frumos, frumoasă*, und ist deshalb sehr häufig:

---

[53] s. Klein/Stegmann 2000, S. 78 ff.

LE1a	oa roată, soare superioară	≡	o, eu, ou, uo, ue	fr. roue, soleil, supérieur it. ruota, sole, superiore kat. roda, sol, superior pg. roda, sol, superior sp. rueda, sol, superior

12 Lautliche Normabweichungen in der Appendix Probi

Die Appendix Probi ist ein Anhang zu einer grammatischen Abhandlung eines Schulmeisters namens Probus aus dem 3./4. Jahrhundert. Probus führt darin 227 «vulgäre» Wendungen auf und stellt ihnen die jeweils korrekte Form gegenüber[54].

Damit dokumentiert der Autor der Nachwelt, wie weit die lautlichen Abweichungen des gesprochenen Latein gegangen sind. Er ist dadurch eine der wichtigsten Quellen für die frühere Diversifizierung der Varietäten. Man findet hier eine Fülle von Zeugnissen für protoromanische Erscheinungen, deren Kenntnis für die Interkomprehension unabdingbar sind.

Anhand einiger typischer Beispiele dieses Antibarbarus-Kommentars kann die Wirkung der Normabweichungen im gesprochenen Latein nachvollzogen werden.

Das Grundprinzip der Vereinfachung konnte beim Vergleich der Entwicklung vom Französischen zu einer Kreolsprache[55] bereits beobachtet werden:

---

[54] die Anthologie im 3.Teil, Kap.18.2, S. 183-185 bietet einen repräsentativen Querschnitt aus der Appendix Probi
[55] Kapitel 5.4, S. 60ff.

EuroComRom: Historische Grundlagen

Vokale:				Konsonanten :			
Aussprache		Graphie		Aussprache		Graphie	
frz.	frm.	frz.	frm.	frz.	frm.	frz.	frm.
[y] > [i]		cru >	kri	[ʃ] > [s]		chapeau >	sapo
[ø] > [e]		du feu >	dife	[ʒ] > [z]		gencive >	zahsiv
[ʷ] > [w]		oui >	wi				
[œ] > [e]		jeune >	zen	[ɥi] > [wi]		huit >	wit
[ə] > [e]		jeter >	zete	[ɥi] > [i]		lui >	li
[a] > [a]		chat >	sat				

Genau diese Tendenz der Lautvereinfachung findet sich in der Appendix Probi für das Vulgärlateinische dokumentiert :

Der komplexe Laut **[th]** tendiert dabei zur Reduzierung seiner Komplexität zu [t], Lautgruppen tendieren zur Assimilation:
cithara non citera [th] →[t]
amycdala non amiddula [kd] → [dd]

Beim letzten Beispiel wird die Unsicherheit noch dadurch unterstrichen, dass das eigentliche griechische Etymon, das hier als Norm mit *amycdala* wiedergegeben ist, eigentlich mit -gd- geschrieben werden müsste: «amygdala». Diese Assimilationstendenzen haben sich später vor allem in den italienischen Dialekten fortgesetzt.

Folgende Beispiele dokumentieren Assimilationstendenzen von **Konsonantengruppen**, die ebenfalls eine Form von Vereinfachung darstellen können:
persica non pessica[56]
auctor non autor

Gerundete Laute, oft griechische Lehnelemente, tendieren schon früh zur palatalen oder velaren ungerundeten Entsprechung, eine Erscheinung, die

---

[56] der persische Apfel ist der Pfirsisch, fr. *pêche*

in der gesamten Romania zu finden ist:

gyrus non girus[57]   y → i
myrta non murta[58]   y → u

Das Girokonto (it. *giro*) dokumentiert dieses Phänomen auch im Deutschen; die ursprünglich griechische Tradition lebt kulinarisch im Spießbraten „Gyros" (ngr. allerdings auch mit [i] gesprochen: [jiros]) weiter.

Die Unsicherheit im Gebrauch von **i** und **y** wird besonders deutlich an dem Beispiel: *crista non crysta*

Es handelt sich bei *crista* um den Federbusch [< CRINIS] am Helm eines Legionärs, das mit dem ähnlich anlautenden prestigehaften (weil griechischen) Modewort *crystallus* in Verbindung gebracht und daher „hyperkorrekt" verändert wurde: ein sogenannter *Hyperurbanismus*.

Das klassischlateinische **ae** (eigentlich [a^j] gesprochen) wird überall zu einem langen ē. Dies erleichtert die Angleichung an das oft in der Wortfuge bei Zusammensetzungen (*agri-cultura*) vorkommende i:

aquaeductus non aquiductus
terraemotus non terrimotium

Die Parallelität dieser Entwicklung ist in den romanischen Einzelsprachen offenkundig.

Das klassischlateinische **au** wird vulgärlateinisch [o] gesprochen:

auris non oricla[59]

Nur wenige romanische Sprachen haben diese Entwicklung nicht mitgemacht, nämlich das Okzitanische und vor allem das Rumänische: das rumänische Gold heißt *aur*, das spanische *oro*.

---

[57] Kreis, Lehnwort aus gr. γῦρος
[58] Myrte, Lehnwort aus gr. μύρτος
[59] Die Verkleinerung von *auris* (Ohr) oric(u)la ist die Grundlage für die panromanischen Formen fr. *oreille*, sp. *oreja* etc.

Das Vulgärlatein entwickelt aus klassischlateinischem **o** und **u** im Diphthong oder Hiat offensichtlich entweder den Halbvokal [ʷ], gefolgt von dem zweiten Vokal *cloaca non cluaca*

puella[60] non poella

oder es eliminiert den Halbvokal völlig:

februarius non febrarius

Auch hieraus resultieren in der Romania zwei Tendenzen:

sp. *febrero*, fr. *février*, hingegen rum. *februarie*

Unsicherheiten bei der Differenzierung von **-u-** , **-v-** und **-b-** zeigen die folgenden Beispiele: *pavor non paor*

Flavus non Flaus[61]

rivus non rius

Die Ausdrücke für *Angst* in der Romania (z. B. fr. *peur*, kat. *por*, it. *paura*) bestätigen diese Tendenz. Bei rivus/rius können zwei unterschiedliche regionale Tendenzen ausgemacht werden:

sp. *río*, pg. *rio*, rum. *rîu (râu)*, aber fr. *rive, rivière*, it. *riva* (< riva)

Weitere Beispiele für dieses Phänomen:

tolerabilis non toleravilis

baculus non vaclus[62]

alveus non albeus[63]

favilla non failla[64]

Das heutige Spanisch zeigt deutlich die Folge dieser frühen Unsicherheiten. Die Verwechslung von b und v gehört zu den häufigsten Orthographiefehlern von Muttersprachlern. Man präzisiert scherzhaft «B de Barcelona» im Gegensatz zu «B de Valencia», da im Anlaut b und v

---

[60] Die von puer (Knabe) abgeleitete Form puella (Mädchen) ist ausgestorben und hat in allen protoromanischen Varietäten neuen Termini Platz gemacht.

[61] Flavus, Name: der Blonde

[62] baculum (auch baculus), der Stock

[63] Höhlung, Wölbung (vgl. *alveolar*)

[64] glühende Asche, Funke

grundsätzlich [b] gesprochen werden, im intervokalischen Inlaut (*haber*, *hava*) grundsätzlich ein frikatives [ß] zu hören ist.

Unsicherheiten der Differenzierung von **-k-** und **-g-** dokumentieren die Beispiele: *calatus non galatus*[65]

digitus non dicitus.

Regionale Differenzierungen sind hier am Beispiel des *Fingers* (digitus) zu beobachten. Während das Rumänische das g bewahrt (rum. *deget*), assimiliert das Italienische früh (it. *dito*). Das Spanische hat mit (sp. *dedo*) das ct als palatale Gruppe weiterentwickelt, das Französische ebenfalls, wobei das in der Orthographie vorkommende g (fr. *doigt*) nur das Produkt einer humanistisch-etymologisierenden Besserwisserei und daher sprachhistorisch falsch ist.

Auch bei **-cu-** und **-qu-** sind Unsicherheiten im Gebrauch festzustellen:

equs non ecus[66]

coqui non coci[67]

Diese Unsicherheiten haben die Entwicklung von Ersatzformen gefördert, so das panromanische CABALLUS (fr. *cheval*, sp. *caballo*, it. *cavallo*, rum. *cal*) und die coqui-Formen und Derivate mit -c- favorisiert: sp. *cocer*, it. *cuocere*, fr. *cuire*, sp. *cocina*, it. *cucina*, fr. *cuisine*.

Das klassischlateinische **h-** verschwindet völlig im gesprochenen Latein:

hostiae non ostiae[68]

Entsprechend spielt es auch in der gesamten Romania keine Rolle. Spätere romanische Schreibweisen mit h sind etymologisierende Orthographien ohne Lautentsprechung (fr. *homme*, sp. *hombre*). Lediglich das Rumänische kennt einen gesprochenen h-Laut als Lehnelement, z.B. das

---

[65] Korb, Lehnwort aus gr. κάλαθος
[66] Pferd
[67] *coquere* kochen, *coquus* der Koch
[68] *hostia* Opfertier, kirchenlat.: die Hostie

nicht-romanische *hrană* (Nahrung) oder in Internationalismen wie *hotel* und *hockey*.

Der Quantitätenkollaps lässt sich in der Appendix Probi für die palatale Seite deutlich nachweisen. Ein **kurzes ĭ** und **langes ē** des klassischen Latein werden häufig verwechselt:

plebes non plevis[69]
fames non famis[70]
senatus non sinatus
vulpes non vulpis[71]

Auf der velaren Seite ist dasselbe Phänomen zu beobachten. Die klassischlateinischen **langen ō-** und **kurzen ŭ**-Laute werden nicht mehr differenziert: *columna non colomna*

Beide Phänomene sind von hoher Relevanz für die Interkomprehension der heutigen romanischen Sprachen.

Gleichzeitig wird aber auch deutlich, dass das Rumänische dem sogenannten Kompromiss-System folgt. Es übernimmt auf der velaren Seite die charakteristischen Abweichungen des archaischen Systems, d.h. es bewahrt den u-Laut, woraus die vielen u-Endungen resultieren (DOMINUS ILLE > rum. *domnul*); auf der palatalen Seite aber folgt es denselben Veränderungen wie die Westromania im „sogenannten vulgärlateinischen" System.

Man kann ferner in der Appendix Probi zahlreiche Belege für den **Nasalwert** und häufigen Wegfall des **-m** finden:

olim non oli[72]
passim non passi[73]

---

[69] *plebes (plebs)*, Plebejer, Volk
[70] *fames*, Hunger
[71] *vulpes*, Fuchs
[72] *olim*, ehemals, einst

mensa non mesa[74]

Das letzte Beispiel hat bereits die Gestalt des heutigen spanischen Wortes.

Die klassischlateinische Metrik belegt, dass zum Beispiel die frequente Endung **-um** nasaliert wurde. In dem von ewig gestrigen Kriegsfanatikern oft zitierten Horazspruch

dúlce et décorúm est pró patriá morí[75]

kann das Versmaß nur funktionieren, wenn entsprechend nasaliert wurde. Im richtigen Versmaß skandiert heisst es:

dúlcet décorúmst pró patriá morí

Diese alltägliche Nasalierung erklärt eine Reihe von weiteren Gebrauchsunsicherheiten: *formosus non formunsus*

cultellum non cuntellum[76]

Die Liquidenmetathese, d. h. das Vertauschen von [l] und [r], gelegentlich aber auch von [n], wird beispielsweise dokumentiert durch:

flagellum non fragellum[77]

meretrix non menetrix[78]

Solche Unsicherheiten haben Folgen für die Interkomprehension. Die rumänische[79] und portugiesische[80] Lautensprechung verdeutlichen dies:

LE4	r *sare, cer(-ul), popor(ul)*	≡	l, ./.	fr. *sel, ciel, peuple* it. *sale, cielo, popolo* kat. *sal, cel, poble* pg. *sal, céu, povo* sp. *sal, cielo, pueblo*

---

[73] *passim*, weit und breit, stellenweise
[74] *mensa*, Tisch
[75] süß und ehrenhaft ist es, für das Vaterland zu sterben ...
[76] *cultellum*, Messerchen
[77] *flagellum*, Peitsche, Geißel
[78] *meretrix*, Prostituierte
[79] Klein/Stegmann 2000, S. 80
[80] Klein/Stegmann 2000, S. 71

LE12 a,b	br-; pr- branco, praça, prazer	≡	bl-, pl- bi-, pi- [bʲ, pʲ] bl-, pl- bl-, pi-, pl- bl-, pl-	fr. *blanc; place, plaire* it. *bianco; piazza, piacere* kat. *blanc; plaça, plaure* rum. *(bl--); piață* [<it.], *a place* sp. *blanco; plaza, placer*

Schließlich gibt uns die Appendix noch eine Fülle von Beispielen für den **Ausfall des Mitteltonvokals** in den Proparoxytona durch die Betonung auf der drittletzten Silbe: *calida non calda*

speculum non speclum[81]

masculus non masclus

stabulum non stablum

tabula non tabla

viridis non virdis

Die romanischen Entsprechungen zeigen, dass es unterschiedliche Traditionen im Protoromanischen gab. Offensichtlich ist *caldo* die Basisform für alle Varietäten (fr. *chaud*, it. *caldo*, rum. *cald*). Das italienische *lo specchio* und das spanische *espejo* bestätigen die Tendenz, ebenso fr. *mâle*, sp. *macho*, it. *maschio*. Ähnlich sieht es bei dem *Stall*[82] aus: fr. *étable*, kat. *estable*, it. *stabbio* (Pferch). Das panromanische *virdis* hat die Entsprechungen für die Farbe grün produziert: fr. *vert*, it., pg., sp., rum. *verde*. Bei den tabula/tabla-Entsprechungen sieht man Varietätenbildung: Das Italienische hat mit *tavola* die *tabula*-Form beibehalten, während der Rest der Romania sich an *tabla* orientiert hat: fr. *table*, kat. *taula*. sp. *tabla* fachsprachlich für Bauholz, Brett und veraltet für *mesa*.

Das Betonungsschema dieser Beispiele war besonders produktiv und ersetzt sogar ungewöhnliche, durch Synkope entstandene Lautfolgen durch Analogie, wie etwa das für das Lateinische atypische **-tl-** durch ein ins phonologische Raster besser passendes **-cl-**:

---

[81] auch das dt. *Spiegel* ist hier abzuleiten

[82] auch das dt. *Stall* hat denselben Ursprung

vetulus non veclus
vitulus non viclus[83]

Aus dem lateinischen *vetulus* haben sich panromanisch die Entsprechungen für *alt* entwickelt: fr. *vieux/viel, vielle,* it. *vecchio,* rum. *vechi,* pg. *velho,* sp. *viejo.* Varietäten zeigen sich im letzten Beispiel: Das katalanische *vedell,* das rumänische *viţel* und das italienische *vitello* folgen einer anderen Varietät als das fr. *veau,* das sich im englischen *veal* wiederfindet.

In den Lautentsprechungen der Interkomprehension sind die Auswirkungen dieses Phänomens[84] beispielsweise im Portugiesischen erkennbar:

LE14	**lh** *orelha, velho, velha*	≅	**il(l)** **cchi** **ll** **ch(i)** **j [χ]**	fr. *oreille, vieil/le [vieux]* it. *Orecchio, vecchio, vecchia* kat. *orella, vell, vella* rum. *ureche, vechi, veche* sp. *oreja, viejo, vieja*

13 Typische lexikalische Veränderungen

13.1 Ersetzen obsoleter Wörter

Viele Wörter aus dem klassischen Latein sind im Wortschatz der modernen romanischen Sprachen nicht wiederzufinden; sie sind schlicht verschwunden[85].

Modewörter, umgangssprachliche Varianten des entsprechenden Wortes, argotische Fügungen und fachsprachliche Elemente ersetzen obsolete, d.h. außer Gebrauch gekommene Wörter des klassischen Latein. Die Gründe für die Obsolenz sind vielfältig, meist sind sie jedoch im Sprachsystem zu suchen.

Ein Wort wie das klassischlateinische *ire* (gehen) ist schon allein wegen seiner Kürze unter den Gegebenheiten des Quantitätenkollapses nicht

---

[83] das Kalb
[84] Klein/Stegmann 2000, S. 67
[85] zum Schicksal des lateinischen Wortschatzes siehe Steffenelli 1998

überlebensfähig, *edere* (essen) schrumpft durch noch stärkere Sonorisierung und anschließendem Wegfall des intervokalischen -d- so sehr, dass es nicht mehr differenzierungsfähig gegenüber anderen Lexemen wird. Das Verbum *ferre* (tragen) provoziert auf Grund seiner Unregelmäßigkeit und der damit verbundenen Formenvielfalt geradezu das Erfinden von Ersatzwörtern. Das klassischlateinische Deponens[86] *loqui* (sprechen) passt nicht in das Schema regelmäßiger aktiver Verbformen und fördert so seine eigene Ablösung durch umgangssprachliche Modewörter.

KLT-Wort[87]	VLT - Entsprechungen
ire	*vadere, ambulare, andare, mergere* (dt. *gehen*)
	Die romanischen Sprachen haben hier eine Vielzahl von konkurrierenden Vaarietäten entwickelt. Teilweise finden sich – wie im Französischen – mehrere Traditionen in der Verbalmorphologie: *aller – je vais – j'irai*.
edere* (ēsse*)	*comedere, manducare* (dt. *essen*)
	fr. *manger*, it. *mangiare*, sp., pg. *comer*
ferre*, gerere*	*portare, levare* (dt. *tragen*)
	fr. *porter*, it. *portare*, sp. *llevar*
loqui*	*fabulari, fabulare, parabulare* (dt. *sprechen*)
	fr. *parler*, it. *parlare*, pg. *falar*, sp. *hablar*
scire	*sapere* (dt. *wissen*)
	fr. *savoir*, sp.pg. *saber*, it. *sapere*, rum. *a şti/ştire*
flere*	*plorare, piangere* (dt. *weinen*)
	fr. *pleurer*, sp. *llorar*, it. *piangere* rum. *a plânge*
emere*	*(com)parare, accaptare* (dt. *kaufen*)
	pg., sp. *comprar*, it. *comprare*, rum. *a cumpăra*, fr. *acheter*
furari	*rapere, involare* (dt. *stehlen*)

---

[86] Deponentien sind Verben mit aktiver Bedeutung aber passiven Formen

[87] die mit * versehenen KLT-Worte sind im Protoromanischen völlig verschwunden

	sp. *robar*, fr. *voler*, rum. *a fura*
interficere*	*uccidere, aucidere* (dt. *töten*)
	rum. *a ucide*, it. *uccidere*, andere Formen sp., pg. *matar*, fr. *tuer*
equus*	*caballus* (dt. *Pferd*)
	panromanisch verwendet
os*	*bucca, rostrum, gula* (dt. *Mund*)
	fr. *bouche/gueule*, it. *bocca*, sp., pg. *boca*, rum. *gură*
[h]umerus	*spat(u)la, pala* (dt. *Schulter*)
	fr. *épaule*, it. *spalla*, sp. *espalda*
caput	*capitia, caput, testa* (dt. *Kopf*)
	sp., pg. *cabeza;* rum. *cap*, kat. *cap*, frz. *chef;* it. *testa*, fr. *tête;* sard. *conca*
res	*causa, res* (dt. *Sache*)
	it., pg., sp. *cosa*, fr. *chose;*
	als Verneinungsbestandteil kat. *res* und fr. *rien*
magnus	*grandis* (dt. *groß*)
	panromanisch; aber rum.: *mare*
parvus*	*minutus, modicus, putillus, pisinnus, pitinnus* (dt. *klein*)
	hier entwickelt die Romania eine Vielzahl von Varianten; rum. *mic* < *miccus* gr. *mikros* + lat. *mica*.
aeger,* aegrotus	*infirmus, male habitus* (dt. *krank*)
	sp. *enfermo*, it. *infermo;* fr. *malade*, it. *malato*, rum. < slaw. *bolnav*
pulcher*	*formosus, bellus, lindus* (dt. *schön*)
	Hier entsteht ein breites Spektrum in der Romania: rum. *frumos*, sp. *hermoso*, kat. *bell, furmós*, it. *bello*, fr. *beau/bel*, pg. *lindo*
diu*	*longo tempore, multo tempore* (dt. *lange*)
	fr. *longtemps*, sp. *mucho tempo*, pg. *muito tempo*, kat. *molt de temps*, it. *a lungo, molto tempo*

Die Ersatzformen für die obsolet gewordenen Wörter weisen ein breites Varietätenspektrum auf. Ihr Vorkommen innerhalb der romanischen Sprachenfamilie ist oft sehr unterschiedlich distribuiert.

In der romanischen Interkomprehension ist in den Ersatzformen eine wichtige Quelle für die sogenannten Profilwörter[88] zu finden. Dies sind die Wörter, die das Profil der romanischen Einzelsprache ausmachen, weil sie von der konvergenten panromanischen Entwicklung abweichen (*Divergenz*). Unter den Profilwörtern befinden sich auch eine Reihe von Strukturwörtern, die besonders prägend für das Funktionieren der einzelsprachlichen Struktur sind. Lernökonomisch ist beim interkomprehensiven Lernen diesen Elementen besondere Beachtung zu schenken.

13.2 Intensiv- und Iterativbildungen bei Verben

Intensiv- und Iterativbildungen sind typisch volkssprachliche Elemente. Sie dramatisieren die Ausdruckskraft eines Verbs und verleihen ihm außerdem mehr «Wortkörper». Letzteres ist insbesondere bei kurzem Wortkörper vonnöten, wenn dieser durch die Veränderungen des Phonemsystems in seiner Eindeutigkeit oder in Teilen seiner Wertigkeit gestört ist. Iterativbildungen durch Wiederholungen sind auch in modernen Sprachen zu beobachten und gelten zum Beispiel als ein Charakteristikum französisch basierter Kreolsprachen in Afrika.

Die folgenden Beispiele zeigen, dass sich bei der Erschließung Intensiv- und Iterativformen in der heutigen Romania wiederfinden lassen, die lateinischen Simplexformen hingegen kaum. Der Asterisk (*) zeigt wiederum die Formen an, die nicht überlebt haben:

(ad)iuvare*	-	*adiutare* (dt. *helfen*)
canere*	-	*cantare* (dt. *singen*)
iacere*	-	*iactare, iectare* (dt. *Werfen*, vgl. dt. *pro-jizieren*)
nare*	-	*natare* (dt. *schwimmen*)
pinsere*	-	*pinsare, pistare* (dt. *zerstampfen*)
torrere	-	*tostare* (dt. *trocknen, rösten*)

---

[88] Klein/Stegmann 2000, S. 146

13.3 Diminutivbildungen

Die Bildung und häufige Verwendung von Diminutiven ist ein typisches Kennzeichen von Umgangssprache. Vielfältige psychologische Motive können hier angeführt werden: Ein Diminutiv schwächt den rigorosen Charakter einer Aussage ab, sie wirkt dadurch verbindlicher, ist als familiär-kommunikativ anzusehen. Unter den deutschen Dialekten ist vor allem das Schwäbische für seine Diminutivabundanz berühmt.

In der Neuen Romania ist die Diminutivbildung ein wichtiges Charakteristikum der lateinamerikanischen Varianten des Spanischen. In *Radio Rebelde* von La Habana in Kuba ("*Primer territorio libre de América*") etwa wurde der „kommunistische" Kinderfunk mit dem Gruß «*buenos días compañeritos*[89]» eingeleitet. In Perú und Bolivien ist die Diminutivabundanz besonders ausgeprägt: *mañana por la mañanita*[90]; *espere un ratito*[91]. Im andinen Spanisch werden sogar grammatikalische Regeln gesprengt. Praktisch alle Wortkategorien, nicht nur die Substantive, werden diminutivfähig:

ahorita vengo - ich komme gleich (= jetzt-«chen»)

Am weitesten ist in der Diminutivbildung der Neuen Romania das brasilianische Portugiesisch gegangen. Hier sind die Diminutive am produktivsten und werde nahezu ohne Beschränkung an fast alle Wortarten angehängt:

só (<*solo*) → *sozinho* (ich ganz allein, alleinchen)

In allen Fällen gilt diese Tendenz als Kennzeichen von Volkssprache. Substratsprachen - in den obigen Beispielen indianische - haben hier meist eine Rolle gespielt. Die Lust an der Diminutivbildung scheint auch in den heutigen Sprachen ungebrochen zu sein.

Im Vulgärlateinischen sind parallele Erscheinungen zu beobachten:

---

[89] Die Verkleinerung zu *compañero* (Genosse)
[90] Morgen, frühmorgens (Verkleinerung von morgens)
[91] un *rato* → *ratito* ein Weilchen

agnus (Lamm) - *agnellus*   *pes (Fuß)* - *pediculus, peduc(u)lus*
auris*(Ohr) - *auricula*   *vetus (alt)* - *vetulus, veclus*
cepa (Zwiebel)- *cepulla*   *sol (Sonne)* - *soliculus*
ovis (Ei) - *ovicula*   *somnus (Schlaf)*- *somniculus*

Romanische Formen wie fr. *agneau, oreille*, sp. *cebolla, oveja*, rum. *picior*, it. *vecchio*, fr. *soleil, sommeil* repräsentieren nur einen kleinen Ausschnitt dieser volkssprachlichen Entwicklungsergebnisse.

13.4 Systemimmanente Ersatzschöpfungen

Sprachveränderungen wiederholen sich. Sie gleichen in ihrem diachronen Verlauf oft einer Wellenbewegung. Als Beispiel möge das Wort für *heute* dienen. Das Lateinische präzisiert den Ausdruck für heute, indem es auf den Zeitpunkt dieses Tags (heute) verweist:

hoc die an diesem Tag (im Ablativ)

Daraus entwickelt sich im klassischen Latein das Standardwort *hodie*, das die Grundlage für das italienische *oggi*, das spanische *hoy* und das portugiesische *hoje* bildet. Das Rumänische bildet die Form *an diesem Tag* mit eigenen Worten nach: *astăzi* ATQUE ISTE DIE.

Das Wort *hodie* verliert in den Systemen der neu entstehenden Sprachgemeinschaften seinen ursprünglichen etymologischen Zusammenhang mit *hoc die* weitgehend.

Im Französischen büßt das aus *hodie* abgeleitete *hui* soviel an Wortkörper (Reduktion) ein, dass es innerhalb des Systems allein nicht mehr existieren kann und der Stützung und Ergänzung bedarf: *an dem Tag von heute* präzisiert als *au jourd'hui* den verlorengegangenen Wortkörper und expandiert ihn auf die heutige lange Form. So kann aus einer Reduktion in der nächsten Sprachstufe wieder eine Expansion entstehen.

Doch der Vorgang muss nicht beendet sein: Das Frankokreolische auf Mauritius reduziert diese lange Form wiederum auf eine kurze Form, der man die ursprüngliche komplexe Herkunft nicht mehr ansieht:

aujourd'hui → *ozordi*

So entsteht sprachhistorisch der Eindruck einer Wellenbewegung.

Die meisten Ersatzschöpfungen und Veränderungen lassen sich im Bereich der Präpositionen und bestimmter unregelmäßiger Adverbien beobachten. Diese ursprünglich kurzen Wörter des Lateinischen wurden so stark reduziert, dass sie der verdeutlichenden Erklärung bedurften.

Man vergleiche hierzu die folgenden rumänischen Ortsadverbien und Präpositionen mit den französischen und spanischen. Sie stellen eine Fundgrube für romanische Divergenz durch die zahlreichen Ersatzschöpfungen dar. In der Interkomprehension zählen viele dieser Elemente zu den Profilwörtern der jeweiligen Einzelsprache:

Rumänische Ortsadverbien: Französische Ortsadverbien:

aici, aci (hier) / *acolo* (dort)	*ici* (hier) / *là* (dort) / *au-delà* (jenseits)
sus (oben) / *jos* (unten)	*(en) haut* (oben) / *(en) bas* (unten)
în față (vorn), *înainte* (vorwärts)	*devant* (vor), *en avant* (vorwärts)
la spate, în fund (hinten), *înapoi* (zurück)	*derrière* (hinten), *en arrière, retour* (zurück)
înauntru(innen,innerhalb) *afară*(außerhalb)	*dedans* (innen, innerhalb) / *dehors* (außerhalb)
alături, lângă (daneben), *aproape* (nahe)	*à côté* (neben), *près* (nahe)
departe (weit) / *nicăieri* (nirgends)	*loin* (weit) / *nulle part* (nirgends)
la stânga / *la dreapta* (links/rechts)	*à gauche* / *à droite* (links/rechts)
drept, drept înainte (geradeaus)	*tout droit* (geradeaus)

Rumänische Präpositionen: Französische Präpositionen:

la (in, auf, zu, an, bei), *în, într-* (in)	*à* (zu) / (s.o.) / *chez* (bei) / *en* (in) / *dans* (in)
de, din (von)	*de, d'* (von) u. entspr.Artikelverschmelzungen
pentru (für) / *prin* (durch)	*pour* (für) / *par* (durch)
cu (mit) / *fără* (ohne)	*avec* (mit) / *sans* (ohne)
împotriva, contra (gegen)	*contre* (gegen)
[în] afară de (außer)	*sauf* (außer)

pînă [la] (bis)	*jusqu'à* (bis zu)
intre, printre (zwischen, unter) / *pe, la* (auf)	*entre, parmi* (zwischen, unter) / *sur* (auf)
deasupra, peste (über) / *sub* (unter)	*au-dessus-de* (über) / *sous* (unter)/ *au-dessous-de* (unterhalb)
înaintea (vor) / *după* (hinter, nach)	*devant* (vor) / *derrière* (hinter) *avant* (vor, zeitlich) / *après* (nach, zeitlich)
din, de la (seit)	*depuis* (seit) / *pendant* (während)
pe lângă (neben)	*à côté* (neben)
împrejurul, în jurul (um .. herum)	*autour de* (um herum)
spre (gegen, nach)	*vers* (gegen, nach)

Der Vergleich mit den französischen Ortsadverbien und Präpositionen zeigt bereits deutlich die Eigenständigkeit der Varietäten.

Neben einigen zu erwartenden Parallelitäten überwiegen doch die Profilelemente, die von der regionalen protoromanischen Varietätenvielfalt zeugen. Hier noch ein Vergleich mit dem Spanischen:

Spanische Ortsadverbien: Spanische Präpositionen:

aquí (hier) / *allá, allí* (dort)	*a (al)* (zu) / *de (del)* (von) / *para* (für)
arriba, encima (oben)/ *abajo, debajo* (unten)	*en* (in) / *dentro de* (in) / *por* (durch)
delante (vorn), *adelante* (vorwärts)	*con* (mit) / *sin* (ohne)
detrás (hinten), *hacia atrás* (zurück)	*fuera (de)* (außer)
dentro, al interior (drinnen, innerhalb)	*hasta* (bis zu)
(a)fuera (draußen)	*delante de* (vor) / *detrás de* (hinter)
al lado (neben), *cerca* (nahe)	*antes de* (vor, bevor) / *después de* (nach)
lejos (weit)/ *en ninguna parte* (nirgends)	*desde* (seit) / *durante* (während)
a la izquierda/derecha (links/rechts),	*al lado de* (neben)
todo recto, siempre derecho (geradeaus)	*alrededor de* (um ... herum)
	hacia (gegen, nach)

Gerade diese Profilelemente sind bei dem auf Interkomprehension beruhenden Spracherwerb von entscheidender Bedeutung. Zwar lassen sich im Einzelfall immer wieder Beziehungen zu anderen romanischen Sprachen herstellen, jedoch sind diese Elemente insgesamt weit von einer *gemeinsamen* vulgärlateinischen Basis entfernt. Gleichzeitig sind sie durch ihre strukturelle Wertigkeit von einer dominant funktionalen Bedeutung für den Erschließungsprozess; beim interkomprehensiven Spracherwerb lohnt in lernökonomischer Hinsicht eine Konzentration auf diese nicht immer kommentarlos erschließbaren Elemente. Es geht dabei darum, die Gemeinsamkeiten herauszuarbeiten und die Divergenzen auf eine Verwandtschaftsbasis zurückzuführen. So lässt sich beispielsweise das rumänische *fără* (ohne) nicht mit den formalen Entsprechungen im Französischen *sans* (ohne) oder Spanischen *sin* (ohne) in Einklang bringen, es lässt sich aber leicht eine formale und semantische Nähe zum spanischen *fuera (de)* (außer) sowie zum französischen *dehors* (außerhalb) herstellen. Die Divergenz liegt hier offensichtlich in der regionalen Bedeutungsspezifizierung, wobei Konvergenz in Bezug auf den gemeinsamen lexikalischen Ursprung vorliegt.

13.5 Fachsprachliches

Fachsprachliches kann in Verbindung mit der Bedeutung einer (Berufs-) Gruppe zu sprachlichem Allgemeingut werden und seine Bedeutung sowie den Gebrauchswert ausweiten. Ebensogut kann es jedoch als "gesunkenes Kulturgut" die ursprüngliche Bezugsgruppe verlieren und untergehen. Das Sozialprestige einer Gruppe ist Schwankungen unterworfen, es ist abhängig von den Gegebenheiten der Kultur, der Technik, dem Prestige von Innovation und anderen Faktoren.

Der fachsprachliche Bereich ist auch in der Neuen Romania stark der Mode und dem Ansehen des Metiers unterworfen. Auffällig im afrikanischen Französisch ist die Verwendung von vielen Ausdrücken aus den nationalen Bildungssystemen[92]. So ist ein Schüler nicht einfach ein *élève* oder *écolier*, sondern ein *brevetier*, jemand, der ein *brevet* besitzt, eine Art Studienbuch, und dadurch als *Eingeschriebener* gilt. Die Termini für

---

[92] siehe Kapitel 3.4, S.42

schulische Leistungen, Abschlüsse und Institutionen sind durch die (indirekte) Aufsicht des französischen Unterrichtsministeriums im Schulsektor der Frankophonie[93] meist transnational.

Auch Krankheiten werden in der Neuen Romania häufig abweichend von der europäischen Praxis bezeichnet. Dies ist zum einen auf das geringe Niveau der Volksbildung zurückzuführen, aber auch auf die Popularisierung von äußerst frequenten Krankheiten, die in Europa kaum vorkommen und schließlich auch auf die Übertragung gängiger europäischer Termini auf völlig andere, aber häufig vorkommende Krankheiten[94].

Daneben gab es aber auch in der Antike eine Reihe von anderen Fachsprachen, von deren Existenz man aus der lexikalischen Spurensuche und durch Fachautoren (etwa zu Tiermedizin, Architektur, Küchenfachsprache) Kenntnis hat. Der Einfluss der Fachsprachen modifiziert und regionalisiert das gesprochene Protoromanisch weiter. Hier einige fachsprachliche Entwicklungsbeispiele:

iecur*	-	*ficatum*(gr.Modell), Tierleber, Küchenfachsprache
cerebrum	-	*cerebellum*, Küchenfachsprache
crus*	-	*gamba, camba* (gr.Lehnwort) Veterinärsprache
caecus	-	*ab oculis* (gr. Modell)
vertere	-	*tornare*, Handwerksprache
verbum	-	*parabola*, Kirchensprache
loqui	-	*parabolare, fabulare*, davon abgeleitet
solis dies	-	*dies dominica/-us*, Kirchensprache
saturni dies	-	*sabbatum, sambatum*, Kirchensprache

Die romanischen Endresultate sind hier leicht nachzuvollziehen. Die untergegangen Wörter sind wiederum durch Asterisk (*) markiert.

---

[93] (infolge zahlreicher Staatsverträge)
[94] siehe dazu die Beispiele in Kapitel 3.4, S.44

Das Standardwort für *Leber* ist in der gesamten Romania von *ficatum* abgeleitet und nicht von *iecur*: fr. *foie*, it. *fegato*, rum. *ficat*, sp. *higado*, pg. *figado*, kat. *fetge*. Bei *caecus/ab oculis* zeigen sich wieder regionale Unterschiede wie etwa fr. *aveugle*, sp. *ciego*.

Der Einfluss der Kirchensprache wird besonders deutlich bei einem so zentralen lateinischen Wort wie *verbum*, das durch ein fachsprachliches fr. *parole/mot*, sp. *palabra*, kat. *paraula*, it. *parola*, rum. *cuvânt* (< conventum) abgelöst wurde, ebenso wie die bereits erwähnten Derivate für *sprechen*. Bei den Wochentagen hat sich die Sprache der neuen Ideologie durchgesetzt und die heidnisch-römischen Bezeichnungen verdrängt. An der lusitanischen Peripherie kommt noch eine weitere Zähltradition für Montag bis Freitag hinzu: *segunda-feira* (Mo), *terça-feira* (Di), *quarta-feira* (Mi), *quinta-feira* (Do), *sexta-feira* (Fr) im Portugiesischen.

Schließlich entfalten auch umgangssprachliche und argothafte Redegewohnheiten oftmals Wirkung auf die Standardsprache. Argothafte Texte dienen der gruppensolidarischen Kommunikation. Hier sind zahlreiche Parallelitäten für Bedeutungsveränderungen zu finden. Der folgende deutsche Text veranschaulicht, wie der spielerische Umgang mit der Varietät Jugendsprache jargonhafte Veränderungen herbeiführt, die zunächst Varietäten darstellen, die sich aber unter bestimmten Umständen auch in die Standardsprache einschleichen können:

> Der Vater von den drei Jungs muß ja ein ungeheuer autoritärer Bock gewesen sein. Am Anfang von dieser Story gibts nämlich ständig Stunk wegen ner Ziege oder sonem Stinkviech, das die Jungs rumschleppen müssen, damit die sich den Magen ordentlich vollschlägt. Das Viech ist aber wohl sone linke Sau, daß es erst so tut, als kriegte es nix mehr runter und beim Alten macht es dann hinterher rum, von wegen kein Blatt hätte es verdrücken können. Wie's nun genau lief ist eigentlich auch völlig egal, jedenfalls schmeißt der Alte seine drei Ableger raus. Wahrscheinlich fanden die das gar nicht so übel, und weils damals wohl noch kein Bafög gab, blieb ihnen nichts anderes über, als ne Lehre anzufangen. Stellen gabs da anscheinend noch. Der erste macht auf Tischler, und als das abgehakt ist und er wieder loszischen will, schleppt der Meister da son Möbel als Abschiedspräsent an. Muß also wirklich schon ganz schön lang her sein, die Story, das sollte man mal einem von den Typen heute erzählen! Ha, jedenfalls war dieser Tisch wohl ein ziemlich abgewracktes Gerät, aber wenn man irgend son flotten Spruch los ließ, dann krachte das Ding fast zusammen vor lauter Fressalien. Das war natürlich der totale Hammer und der Typ macht sich auch gleich auf die Socken, um mit dem Wahnsinnsgerät zu Hause Eindruck zu schinden und beim Alten wieder landen zu können.
>
> Uta Claus, Rolf Kutschera, Total tote Hose - 12 bockstarke Märchen, Frankfurt am Main 1984

Der Wechsel zwischen Standardsprache und Fachsprache, Jugendsprache, Jargon oder auch Dialekt ist eine spielerische linguistische Fähigkeit, die jedes kommunizierende Individuum bewusst einsetzt, um damit bestimmte Ziele zu erreichen. In mehrsprachigen Gemeinschaften ist dies in jüngster Zeit besonders in den USA untersucht worden. Hier konzentriert sich das Interesse auf den *language switch* zwischen Spanisch und Englisch. Beim Switch dringen aber auch Phänomene der einen Sprache in die andere ein, d.h. jeder Wechsel zwischen Varietäten ist sprachproduktiv wirksam. In den Provinzen des Imperium Romanum, insbesondere aber in den Zeiten nach dem Untergang des Imperiums lässt sich neben der offenkundigen Mehrsprachigkeit zunehmend der Einfluss der wichtigsten Fachsprache der damaligen Zeit feststellen: Seit dem 4. Jahrhundert, als das Christentum zur Staatsreligion wurde, avancierte das Kirchenlatein zur Fachsprache der die Zentralmacht Rom ablösenden christlichen Ideologie. Erst in jüngster Zeit zählt man das Kirchenlatein zu den Fachsprachen.

13.6 Entlehnungen aus anderen Sprachen

Für das Vulgärlateinische spielten die Substrat- und Adstratsprachen eine prägende Rolle. In jeder romanischen Sprache gibt es einen Fundus von nur wenig mehr als 140 Elementen, die auf die jeweiligen Substratsprachen zurückzuführen sind. Diese Elemente sind daher *nicht* in der Gesamtheit der vulgärlateinischen Varietäten zu finden, sondern regional limitiert. Für die Interkomprehension spielen diese Elemente allein aufgrund ihrer geringen Anzahl keine Rolle.

Überregional gibt es vor allem Entlehnungen aus dem Griechischen (Bildungsadstrat), dem Keltischen und dem Germanischen (überwiegend westromanische Gruppe):

13.6.1 Griechisch

Das Griechische hatte mehr Einfluss auf die romanische Sprachenfamilie als man vielleicht annehmen mag. Bereits in seiner Frühzeit wurde das Lateinische von griechischen Termini geradezu übersät. Die ältere griechische Kultur war stets in Rom präsent und ihr Ansehen wuchs mit dem politischen Erstarken Roms. Bevor Griechenland den Römern die Modelle für Literatur, Philosophie, Wissenschaften und Kunst lieferte, waren es Griechen und Graekophone aus dem hellenistischen Orient, die sich als Seefahrer, Händler, Astrologen, Ärzte, Hauslehrer oder Kurtisanen von dem prosperierenden Rom angezogen fühlten.

Der älteste Einfluss stammt offensichtlich aus der Sprache der griechischen Seefahrer, die als nautae (ναύτης) ihren ancora (ἄγκυρα) gelichtet hatten, um ihr Schiff nach Rom zu gubernare (κυβερνᾶν), zu lenken. Als die Römer sich dann mit dem Meer vertraut gemacht hatten, kamen detalliertere Kenntnisse über Tiere wie den delphinus (δελφίς), den t(h)unnus (θύννος), die conc(h)a (κόγχη) und deren Edelprodukte wie die purpura (πορφύρα) genannte Purpurschnecke, deren Farbe die Gewänder römischer Senatoren zierte, hinzu. Die Errungenschaften griechischer Zivilisation überschwemmten Rom:

Die Küche Griechenlands führte die oliva (ἐλαίϜα) ein, den asparagus (ἀσπάραγος), das canna genannte Rohr (κάννα), die camomilla (χαμόμυλον) und den absinthium (ἀψίνθιον) die in entsprechenden Behältern wie der amp(h)ora oder der (dazu diminutiven) ampulla (ἀμφορεύς), dem saccus (σάκκος) oder der bursa (βύρσα)aufbewahrt wurden und mit Münzen (nummus νόμιμος, νοῦμος) oder Talenten (talenta τάλαντον) bezahlt in der Bodega (in Frankreich: Boutique) (apotheca ἀποθήκη) lagerten. Zusammen mit Schwan (cycnus κύκνος) und Kamel (camelus κάμηλος) machten sich auch modische Kleidungsstücke und Schmuck wie die Stola (stola στολή), die Tiara (τιάρα), die Mitra (μίτρα) und das corallium (κοράλλιον), der smaragdus (σμαράγδος) und beryllus (βηρύλλος) neben Marmor (μάρμαρος) und Alabaster (ἀλάβαστρος) auf den langen Weg (caminus κάμινος) nach Rom. Der Abacus (ἄβαξ) und auch das charta (χάρτης) genannte Papier (πάπυρος) war bei den angereisten Händlern beliebt, in deren Gefolge sich neben Athleten (ἀθλητής), Mimen (μῖμος), Chorsängern (χορός) auch Chirurgen (χειρουργός) befanden, die sich beim Klang von cymbalum (κύμβαλον) und cithara (κιθάρα) im Stadion (στάδιον) oder Badehaus (bal(i)neum βαλανεῖον) um Cholera (χολέρα) und Asthma (ἀσθμα) kümmerten.

Das Griechische war in Mode, es wurde latinisiert, griechische Endungen in lateinische konvertiert, verkleinert und nominalisiert, sodass man den Wörtern häufig die Herkunft nicht mehr ansah. Mit dem Einzug der Schönen Künste Griechenlands und der Literaturfähigkeit des Lateinischen nahmen Hunderte von griechischen Ausdrücken lateinische Gestalt an. Die Poeten, Philosophen, Rhetoren, stoici, epicurei, academici, sophistae beschäftigten sich mit Poemen, rhetorica, physica, dialectica, ethica, logica, etymologia in aula und academia, und nostrifizierten apostrophus und diphthongus.

Aus dem hellenistischen Orient schließlich kam mit der Christianisierung die Sprache der griechischen Evangelientexte in die Predigten und dadurch auch unter das Volk:

> *angelus, antichristus, apocalypsis, apostata, apostolicus, apostolus, authenticus, blasphematio, blasphemia, catechumenus, cathedra, catholicus, charisma, charis, christianismus, christianus, daemon, diabolus, diaconus, dogma, ecclesia, energema, episcopus (episcopatus), ethnicus, euangelium, euangelizare, eucharistia, exorcismus, haeresis, haereticus, idolatria, idolum, laicus, magia, martyr, martyrium, monachus, monasterium, mysterium, orphanus, parabola, paradisus, parochia, pascha, patriarchus, presbyter, propheta, prophetia, psalmus, pseudo-propheta, scandalum, scandalizare, schisma, stemma, synagoga*

Oft ist es auch ein griechischer "Calque", der dem römischen Wort Vorbild war und dem Wort einen (oft zusätzlichen) griechischen Modell-Sinn verlieh, wie bei damnare (katakrínō κατακρίνω), fidelis, (pistós πιστός), frater (adelfós ἀδελφός), praedicare (kērýssō κηρύσσω), scriptura (grafē´ γραφή), similitudo (parabolē´ παραβολή), trinitas (triás τριάς), verbum (lógos λόγος), virtus (aretē´ ἀρετή).

Griechisch war Synonym für Sprache der Bildung und der Wissenschaft. Griechische Elemente zu übernehmen, galt als weltoffen und modern. Das Griechische hatte deshalb auf dem *marché linguistique* der Antike die Rolle und das Prestige des Englischen in unserer Zeit.

Neben den oben genannten Wörtern haben sich im Protoromanischen vor allem die folgenden Elemente des Griechischen etabliert und in den romanischen Sprachen überlebt:

> *aer, ballare (I.Jh.), brac[c]hium, bursa, caballus, calamus, camera, c[h]alare, cara (statt vultus ab VI.Jh.), cata, charta, colaphus und col[o]pus, chorda, corona, crapula, cyma (cuma, cima für cacumen), encaustum, grabatus, gubernare, lampas (lampada), machina, macellum, oleum, p(h)alanga, petra (neben saxum), podium, poena, punire, striga, tumba*

13.6.2 Keltisch

Das Keltische war keine Prestigesprache für die Römer. Sie galt als barbarisch und wurde pejorisiert. Hinsichtlich Rolle und Status war das Verhältnis zwischen Latein und Keltisch vergleichbar mit der postkolonialen Situation des Französischen gegenüber den autochthonen Sprachen Schwarzafrikas. Die zahlreichen Afrikanismen, die in die Varietäten des Französischen Schwarzafrikas eingedrungen sind, haben im *français hexagonal* fast keinen Eingang gefunden. Thematisch sind die Entlehnungen vorwiegend aus den Bereichen entnommen, in denen die französische wie auch vor 2000 Jahren die römische Zivilisation keine Entsprechungen kannten: Fachausdrücke aus lokaler Flora und Fauna, einheimische Speisen und Kleidung. Soziosemantische Vergleiche zwischen Kolonialsituationen Lateinamerikas (etwa Quetchuaentlehnungen im Spanischen), Schwarzafrikas (etwa Afrikanismen im Französischen der Elfenbeinküste) und der Antike (etwa autochthone Substrate im Rumänischen) zeigen eine auffallende Parallelität der Entlehnungsdomänen.

Unter anderen wurden folgende Termini aus dem Keltischen übernommen:

alauda (Lerche), *braca* (Hose), *betulla* (rote Beete), *cambiare* (to change), *carpentum* (zweirädriger Holzkarren), *carrus/-um* (vierrädriger Lastkarren), *sagum* (grober Wollumwurf, Mantel), *camisia* (chemise)

Aus dem keltischen Substrat stammen zwar nicht die Zahlwörter, wohl aber in einigen Fällen die Art zu zählen, z.B. das französische *soixante-dix*, *quatre-vingt*, *quatre-vingt-dix*. In der Schweiz und in Belgien, wo dieses Substrat nicht wirkte, finden wir die normale Entwicklung aus dem Vulgärlatein: *septante*, *huitante* oder *octante* und *nonante*.

13.6.3 Germanisch

Für das Germanische als Sammelbegriff gilt das für das Keltische Gesagte. Im Unterschied zum Keltischen ist der Einfluss des Germanischen jedoch auf einen geringen Teil des Imperium Romanum beschränkt, nämlich vor allem auf die Romania Germanica bis zum Rhein-Main-Donau-Limes.

Mit dem Niedergang des weströmischen Reiches ab dem fünften Jahrhundert nehmen die Entlehnungen zu. Vor allem das Fränkische der Karolingischen Zeit beeinflusst den Kanzleistil des mittelalterlichen Latein und findet dadurch indirekt auch Aufnahme in die Volkssprachen. Zu diesem Zeitpunkt kann man aber nicht mehr von Protoromanisch sprechen, die Volkssprachen sind bereits eigenständige romanische Sprachen geworden.

Zu den frühen allgemeinen Entlehnungen im Protoromanischen aus dem Germanischen gehören:

burgus, ganta, hosa, suppa, companio (got. Modell *gahlaiba*)

Im romanischen Vokabular gelten 20 Wörter germanischen Ursprungs als panromanisch, allerdings in unterschiedlichem Grad. Das häufige Fehlen rumänischer Entsprechungen zeigt deutlich, dass es sich um Elemente handelt, die erst spät in das gesprochene Latein eingedrungen sind. Offensichtlich konnte dies erst geschehen, nachdem der Romanisierungsprozess Dakiens von der Nabelschnur Roms abgeschnitten worden war: Die Römer verließen 275 das Territorium des transdanubischen Dakien und zogen sich auf die Donaulinie zurück.

Die folgende Liste gibt eine Übersicht über die Wörter germanischen Ursprungs, die als panromanisch gelten können, somit also weiträumig Eingang in die Varietäten des Protoromanischen gefunden haben.

	FRZ	ITL	KAT	PORT	RUM	SPAN	DEUTSCH
bank	banc	banco	banc	banco	(bancă)	banco	(Sitz-)Bank
blank	blanc	bianco	blanc	branco	--	blanco	weiß
blâo	bleu	blu	blau	--	(bleu)	--	blau
blund	blond	biondo	--	--	(blond)	(blondo)	blond
bosk	bois	bosco	bosc	bosque	(boschet)	bosque	Wald
brûn	brun	bruno	bru	(bruno)	brun	--	braun
falda	-	falda	falda	falda	--	falda	Falte, Rock
frank	franc	franco	franc	franco	(franc)	franco	frei
frisk	frais	fresco	fresc	fresco	(frescă)	fresco	frisch
gardo	jardin	giardino	jardí	jardim	(*grădină)	jardín	Garten

EuroComRom: Historische Grundlagen 141

grîsi	gris	grigio	gris	(griséu)	(gri)	gris	grau
helm	heaume	elmo	elm	elmo	-	elmo	Helm
marka	marque	marca	marc	marca	(marcă)	marca	Gemarkung
raubôn	dérober	rubare	robar	roubar	--	robar	rauben
rîks	riche	ricco	ric	rico	--	rico	reich
roba	robe	roba	roba	roupa	(robă)	ropa	Wäsche
waidanjan	gagner	guadagnare	guanyar	ganhar	--	ganar	gewinnen
wardôn	garder	guardare	guardar	guardar	(gardă)	guardar	bewachen
warnjan	garnir	guarnire	guarnir	guarnecer	(a garnisi)	guarnir	garnieren
werra	guerre	guerra	guerra	guerra	--	guerra	Krieg

14 Produktive vulgärlateinische Wortbildungselemente

In der Interkomprehension gehören die „Eurofixe" zu dem besonders leicht transferierbaren linguistischen Inventar[95]. Die Ursache für die Transferierbarkeit liegt in der Tatsache, dass eine ganze Reihe von Fixen schon im Lateinischen von hoher Wortbildungsproduktivität waren und in der gesprochen Sprache mit bestimmten Präferenzen weiterentwickelt wurden. Die Suffigierung konzentriert sich auf Nomina, Adjektive und Verben.

14.1 Suffixe

14.1.1. Nominalstamm + Suffix → Nomen

-(C)ULUS	Bezeichnung der	*navicula, auricula*
-(EL)LUS	Verkleinerung	*genuculum, libellus*
-TAS	Bezeichnung der	*civitas, auctoritas*
-TUDO	Eigenschaft oder	*altitido, solitudo*
-IA	des Zustands	*audacia, prudentia*
-ITIA		*iustitia, notitia*

---

[95] Klein/Stegmann 2000, S. 139-145.

Für die Interkomprehension stellen diese Suffixe wichtige Identifikatoren dar, da sich ihre lautliche Gestalt in den verschiedenen romanischen Idiomen leicht nachvollziehen lässt. Das folgende Beispiel des lateinischen Suffix -TAS zum Spanischen[96] demonstriert dies:

LE16	-dad, -tad universidad facultad	≅	-té -tà -tat -dade -tate	fr. *université, faculté* it. *università, facoltà* kat. *universitat, facultat* pg. *universidade, faculdade* rum. *universitate, facultate*

14.1.2. Verbalstamm + Suffix → Nomen

-TOR -SOR	Bezeichnung der handelnden Person	*auctor, gubernator* *defensor, successor*
-TIO -SIO -TUS -SUS	Bezeichnung der Handlung	*natio, eruptio* *offensio, dissensio* *aspectus, conventus* *usus, casus, versus*
-OR -IUM	Bezeichnung des Zustands	*dolor, error, favor* *studium, colloquium*
-MENTUM	Bezeichnung des Mittels	*monumentum, testamentum* *argumentum, documentum*

Auch diese lateinischen Wortbildner zeichnen sich in der Romania durch besondere Regelmäßigkeit aus. Sie sind daher interkomprehensiv leicht nutzbar und stellen wie auch die folgenden Beispiele ein wichtiges Potential für die Interkomprehension:

---

[96] Klein/Stegmann 2000, S. 95.

14.1.3 Nomen + Suffix → Adjektiv

-EUS	Bezeichnung des Stoffs	*argenteus, ligneus* *ferreus, aureus*
-OSUS	Bezeichnung der Fülle	*periculosus, bellicosus* *luxuriosus, gloriosus*
-IUS -ICUS -ANUS -INUS -ALIS -ILIS -ARIS -ENSIS	Bezeichnung der Zugehörigkeit	*plebeius, regius* *unicus, Gallicus* *cottidianus, humanus* *divinus, marinus* *fatalis, mortalis* *servilis, virilis* *familiaris, militaris* *Athenensis, Carthaginiensis*

14.1.4 Verb + Suffix → Adjektiv

-IDUS	Bezeichnung des Zustands	*rapidus, splendidus* *timidus, validus*
-AX	stark ausgeprägter Zustand; Neigung	*loquax, mendax* *rapax, pertinax*
-ILIS -BILIS	Bezeichnung der Möglichkeit	*facilis, fragilis* *amabilils, terribilis*

14.1.5 Abgeleitete Verben

-ITARE -TARE -SARE	Wiederholter oder verstärkter Vorgang; oft ohne Unterschied	*clamitare (< clamare)* *cantare (< canere)* *cessare (< cedere)*
-SCERE	Beginnender Vorgang	*exardescere*

| -ARE | Bezeichnung der Handlung | *vocare (< vox)* *liberare (< liber)* |

Zur Bildung von Neologismen werden vorwiegend die Suffixe *ire* und *are* verwendet. Dieser Technik bedient sich die Interkomprehension bei der Optimierten Erschließung, wenn etwa dem deutschen Lerner geraten wird, unbekannte Verben durch entsprechende Kunstworte mit der Endung *ieren* zu ergänzen und sie so zum kontextuellen Erschließen des Inhalts zu nutzen.

14.2 Übersicht romanischer Suffixe in der Interkomprehension

Das Ausmaß der Regelmäßigkeit in der Parallelität der romanischen Ergebnisse wird durch die nachfolgende Liste romanischer Suffixe veranschaulicht. Offensichtlich haben die romanischen Sprachen die Suffigierungsfähigkeit des lateinischen Erbes übernommen und weiterentwickelt. Besonders produktiv war dabei die Parallelwirkung des Wissenschaftslateins seit dem Humanismus. Die geschriebene lateinische Wissenschaftssprache hat mit Ausnahme des Rumänischen in allen romanischen Sprachen eine Überdachungsfunktion und sich als permanenter Terminologieschöpfer erwiesen. In Rumänien findet dieser Prozess erst verspätet mit der Wiederentdeckung der Romanität durch die Latinisten der Siebenbürger Schule im 18. Jahrhundert statt. Er findet seinen Abschluss durch die Reromanisierung über französische Lehnelemente in der Folgezeit. Dies erklärt die auffallende Ähnlichkeit der rumänischen Vergleichselemente mit dem Französischen.

IW	FRZ	ITL	KAT	PORT	RUM	SPAN
pass-abel	passable	passabile	passable	passável	pasabil	pasable
Fass-ade	façade	facciata	façana	fachada	fasadă	fachada
Pass-age	passage	pass**aggio**	passatge	pass**agem**	pasaj	pas**aje**
hum-an	humain	umano	humà	humano	human	humano
Dutz-end	douzaine	dozzina	dotzena	dúzia	duzină	docena
Deklina-tion	déclinaison	declinazione	declinació	declinação	declinație	declinación

EuroComRom: Historische Grundlagen

Allianz	alliance	alleanza	aliança	aliança	alianţă	alianza
Präsidenz	présidence	presidenza	presidència	presidência	preşedinţie	presidencia
Barbar-ei, Schicke-ria	barbarie, confiserie	barbarie, pizzeria	barbàrie, pizzeria	barbarie,-a, whisqueria	barbarie, tutungerie	barbarie,-idad sandwichería
fatal, servil	fatale servile	fatale, servile	fatal, servil	fatal, servil	fatal servil	fatal, servil
Uni-cum	unique	unico	únic	único	unic	único
Stud-ium Kolloquium	étude colloque	studio, colloquio	**estudi,** col·loqui	estudio, colóquio	studiu, **colocviu**	estudio, coloquio
Funda-ment	fondement	fondamento	fundament	fundamento	fundament	fundamento
Fin-esse	finesse	**finezza**	finesa	fineza	fineţe	fineza
famili-är prim-är	familier, primaire	familiare, primario	familar, prim**ari**	familiar, primário	familiar, **-ariu**	familiar, primario
Au-tor	auteur	autore	autor	autor	autor	autor
Audi-torium Kalendarium	auditoire calendrier	auditorio, calendario	audi**tori,** calend**ari**	auditório, calendário	audi**toriu,** calend**ar**	auditorio, calendario
-ös	courageux	coraggioso	corat**jós**	corajoso	curajos	cora**joso**
explos-iv	explosif	esplosivo	explos**iu**	explosivo	exploziv	explosivo
alpin	alpin	alpino	alpí	alpino	alpin	alpino
Milli-on, Kan-one	million, canon	miglione, canone	milió, canó	milhão, canhão	milion, -- [tun]	millón, cañón
-ös	glorieux	glorioso	gloriós	glorioso	glorios	glorioso
Kas-us	cas	caso	cas	caso	caz	caso
Autori-tät	autorité	autorità	autoritat	autoridade	autoritate	autoridad
Skrip-tur	écriture	scrittura	escriptura	escritura	scriptură	escritura
Atti-tüde	attitude	attitudine	actitud	atitude	atitudine	actitud
Not-iz, Justiz	notice, justice	notizia giustizia	notícia justícia	notícia justiça	**notiţă** justiţie	noticia justicia
Insekti-zid	insecticide	insetticida	insecticida	inse(c)ticida	insecticid	insecticida
-col	agricole	agricolo	agrícola	agrícola	agricol	agrícola
Horti-kultur	horticulture	orticultura	horticultura	horticultura	horticultură	horticultura
Koni-fere	conifère	conifera	conífera	conífera	conifer	conífera

145

Tra-fik	frigorifique	frigorifico	frigorífic	frigorífico	frigorific	frigorífico
Zentrifuge	centrifuge	centrifuga	centrífug	centrífuga	centrifugă	centrífugo
-vor	carnivore	carnivoro	carnívor	carnívoro	carnivor	carnívoro
frag-il	facil, fragil	facile, fragile	fàcil, fràgil	fácil, frágil	facil, fragil	fácil, frágil

Produktive romanische Verbalsuffixe

IW	FRZ	ITL	KAT	PORT	RUM	SPAN
pasteuri-sieren	pasteuriser	pastorizzare	pasteuritzar	pasteurizar	a pasteuriza	pasteurizar
profil-ieren	profiler	profilare	perfilar	perfilar	a profila	perfilar
rekti-fizieren	rectifier	rettificare	rectificar	rectificar	a rectifica	rectificar

14.3 Lateinisch basierte Präfixe in der Romania

Die Präfigierung des Lateinischen hat sich mit nur geringen Veränderungen, die vor allem in die Graphie zu finden sind, in der gesamten Romania bewahrt. Noch deutlicher als bei der Suffigierung wird hier der Einfluss des Gelehrtenlateins sichtbar. Vor allem seit dem 16. Jahrhundert werden die romanischen Sprachen (und auch später der internationale Wortschatz des Deutschen und das Englische) von einer Flut von schriftsprachlichen Latinismen überflutet und dadurch relatinisiert.

IW	FRZ	ITL	KAT	PORT	RUM	SPAN
a[b]-, abs-	absolu	assoluto	absolut	absoluto	absolut	absoluto
a[d]-	admettre	ammettere	admetre	admitir	a admite	admitir
ambi-	ambivalent	ambivalente	ambivalent	ambivalente	ambivalent	ambivalente
ante-	antécédant	antecedente	antecedent	antecedente	antecedent	antecedente
bene-	bénéfice, bienfaisant	beneficio	benefici	benefício	beneficiu	beneficio
bi-	bifocal	bifocale	bifocal	bifocal	bifocal	bifocal
circum-	**circon**flexe	**circon**flesso	circumflex	**circun**flexo	circumflex	**circun**flejo
contra-	contredire	contraddire	contradir	contradizer	a contrazice	contradecir

EuroComRom: Historische Grundlagen 147

con/m-	confier, composer	confidare, comporre	confiar, compondre	confiar, compor	a confia, a compune	confiar, componer
de-, des-	**dé**couvrir	scoprire	descobrir	descobrir	a descoperi	descubrir
dis-	discordance	discordanza	discordança	discordância	discordanță	discordancia
extra-	extravagant	**stra**vagante	extravagant	extravagante	extravagant	extravagante
in-, im-	infusion, imposer	infusione, imporre	infusió, imposar	infusão, impor	infuzie, a impune	infusión, imponer
in-, ne-	inactif	inattivo	inactiu	ina[c]tivo	inactiv, ne-	inactivo
inter-	interposer	interporre	interposar	interpor	a interpune	interponer
intro/a-	introduction	introduzione	introducció	introdução	a introduce	introducir
multi-	multiculturel	multiculturale	multicultural	multicultural	multicultural	multicultural
ob-	obéire, obstacle	**ub**bidire, **o**stacolo	obeir, obstacle	obedecer, obstáculo	obediență, obstacol	obedecer, obstáculo
pen-	pénultième	penultimo	penúltim	penúltimo	penultim	penúltimo
per-	percussion	percussione	percussió	percussão	percuție	percusión
post-	postscolaire	postscolare	postescolar	postescolar	postşcolar	postescolar
prä-, prae-	présent	prevedere	preveure	prever	a prevedea	prever
präter-[ae]	prétérit	preterito	pretèrit	pretérito	preterit	pretérito
pro-	promotion	promozione	promoció	promoção	promoție	promoción
re-	reposer, **ra**pporter	**ri**porre, re-, **ra**pportare	reposar	repor	a repune	reponer
retro-	rétroviseur	retrovisore	retrovisor	retrovisor	retrovizor	retrovisor
semi-	semifinale	semifinale	semifinal	semifinal	semifinală	semifinal
sine-	sinécure	sinecura	sinecura	sinecura	sinecură	sinecura
sub-	substrat	sostrato	substrat	substrato	substrat	substrato
super-	supermarché	supermercato	supermercat	supermercado	super-	supermercado
supra-	sur-, supra-	**so**pra-	**so**bre-, supra-	**so**bre-, supra-	supra-	**so**bre-
trans-	transposer	tra(n)(s)-	transposar	transpor	a transpune	transponer
tri-	triparti	tripartito	tripartit	tripartido	tripartit	tripartito
ultra-	ultramoderne	ultramoderno	ultramodern	ultramoderno	ultramodern	ultramoderno
vice-	vice-roi	viceré	**vir**rei, vice-	vice-	vice-	**vir**rey, vice-

15 Panromanische Elemente im Protoromanischen

Trotz der Vielzahl von divergenten Elementen im Protoromanischen, die auf die regionalen sprachlichen Gewohnheiten der eroberten Völker hinweisen, gibt es im Wortschatz des gesprochenen Latein einen großen Anteil, der allen Regionen des Imperiums *gemeinsam* war. Ein bedeutender Teil dieses Wortschatzes hat sich trotz der anderthalb Jahrtausende, die inzwischen vergangen sind, bis heute in allen romanischen Sprachen bewahrt. Man nennt diesen Wortschatz *panromanisch* (gr. *pan-* = «alle»).

Dieser Wortschatz lässt sich ermitteln und strukturieren. Im Bereich der Nominal- und Verbalelemente lassen sich genaue Aussagen darüber machen, wie der Erbwortschatz panromanisch graduell gegliedert ist.

15.1 Das ererbte strukturelle Gerüst

Es gibt in der Gesamtheit der Varietäten einige strukturelle Basisworte, Adverbien, Präpositionen Konjunktionen und Zahlen, die das Gerüst der protoromanischen Panromanität ausmachen.

Es lässt sich beobachten, dass die deiktischen Elemente, die persönlichen Zuordnungsformen wie *ich, du, mein, dein, sein* sowie elementare Satzgliederungssignale wie Relativa und das hypotaktische *dass* als Grundgerüst in allen Regionen zu finden sind:

Panromanische Basiswörter :

LAT	KAT	FRZ	ITL	PORT	RUM	SPAN
EGO	jo	je	io	eu	eu	yo
MEUS	meu	mon	mio	meu	meu	mi, mío
TU	tu	tu	tu	tu	tu	tu
TUUS	teu	ton	tuo	teu	tău	tu, tuyo
NOS	nosaltres	nous	noi	nós	noi	nos
NOSTER	nostre	notre	nostro	nosso	nostru	nuestro
VOS	vós	vous	voi	vós	voi	vos
VESTER	vostru	votre	vostro	vosso	vostru	vuestro
SEUS	seu	son	suo	seu	său	su, suyo
SE	se	se	si	se	se	se
(ECCU)ISTE	aquest	ce(t)	questo	este	acest(a)	este
QUALIS	qual	quel	quale	qual	care	cual
QUE	que	que	che	que	ce	qué, que

Ebenfalls in allen Regionen finden sich einige wenige strukturrelevante Adverbien, Präpositionen und Konjunktionen:

LAT	KAT	FRZ	ITL	PORT	RUM	SPAN
AD	a	à	a	a	a	a
QUANDO	quan	quand	quando	quando	când	cuando
CONTRA	contra	contre	contra, -o	contra	contra	contra
QUOMO(DO)	com	comme(nt)	come	como	cum	como
DE	de	de	di	de	de	de
SUPER	sobre	sur	sopra	sobre	(deasupra)	sobre
IN	en	en	in	em	în	en
NEQUE	ni	ni	né	nem	nici	ni
NON	no	non	non	não	nu	no
PER, PRO	per	par	per	para	pe	para
SI	si	si	se	se	să*	si
(DE) UNDE	on	dont*	-- (dove)	onde	unde	donde

Schließlich ist das für den Handel so essentielle Zahlensystem überall präsent:

LAT	KAT	FRZ	ITL	PORT	RUM	SPAN
UNUS	un	un	uno	um	unu	uno
DOS	dos	deux	due	dois	doi	dos
TRES	tres	trois	tre	três	trei	tres
QUATTUOR	quatre	quatre	quattro	quatro	patru	cuatro
QUINQUE	cinc	cinq	cinque	cinco	cinci	cinco
SEX	sis	six	sei	seis	şase	seis
SEPTEM	set	sept	sette	sete	şapte	siete
OCTO	vuit	huit	otto	oito	opt	ocho
NOVEM	nou	neuf	nove	nove	nouă	nueve
DECEM	deu	dix	dieci	dez	zece	diez
MILLE	mil	mille	mille	mil	mie	mil

In der Liste fehlt die Zahl für 100, die im Rumänischen dem Altkirchenslawischen entlehnt ist (*o sută*). Ferner unterliegt das Zahlensystem über zehn den Einflüssen von autochthonen Sprachen oder Kontaktsprachen. So sind die Zahlen zwischen zehn und zwanzig im Rumänischen zwar romanisch, aber nach slawischer Zählweise mit romanischen Elementen zusammengesetzt: *unum super decem → unsprezece* (eins über zehn = 11). Auf das keltische Substrat im französischen Zahlensystem wurde bereits hingewiesen[97].

---

[97] siehe Kap.13.6.2, S.139

Aus komparatistischer Sicht sind diese wenigen elementaren Strukturelemente, die ein Minimum an deiktischer und gebärdenbezogener Kommunikation - etwa beim Handel auf Märkten - zulassen, auch Grundbestandteil einer jeden Pidginentwicklung. Überall auf der Welt, wo überregionale Sprachen oder Kolonialsprachen in Kontakt mit autochthonen Sprachen gekommen sind und sich Pidgins entwickelt haben, finden sich diese Grundelemente. Sie machen aber bei weitem nicht den panromanischen Wortschatz aus, der sich vornehmlich aus Nominal- und Verbalelementen zusammensetzt.

15.2 Das Kriterium Panromanität

Beim panromanischen Wortschatz handelt es sich um Wörter, die zum Grundwortschatz und oft sogar zu den häufigsten Wörtern der jeweiligen Sprache gehören und die in der Gesamtromania überlebt haben. Dabei ist der Ausdruck panromanisch nicht unproblematisch, denn es ist stets abzuwägen, in wie vielen der heutigen romanischen Sprachen ein Erbwort parallel überlebt haben muss, um dem Kriterium «panromanisch» zu genügen.

Hier werden als im weiteren Sinne panromanisch die Wörter bezeichnet, die zwar nicht in allen, aber in mindestens fünf romanischen Sprachen heute noch vorkommen. Durch diese Einschränkung beläuft sich das für die Interkomprehension optimal verwendbare Inventar auf etwa 500 Wörter, mit geringen einzelsprachlichen Lücken. Diese Inventar lässt sich graduiert nach Panromanitätsgraden gliedern:

15.3 Die absolut panromanischen Wörter

Bei den im engeren Sinne panromanischen Wörtern handelt es sich um solche, die tatsächlich in allen romanischen Sprachen vorkommen und dort auch zum besonders häufig gebrauchten Grundvokabular gehören. Es sind 39 Wörter. Ihre kulturelle Bedeutung wird dadurch deutlich, dass sie allesamt auch als Fremd- oder Lehnwörter im Deutschen und in anderen Sprachen Europas existieren. Der folgende deutsche Phantasietext enthält -

EuroComRom: Historische Grundlagen 151

kursiv gedruckt - alle panromanischen Wörter in ihrer alphabetischen Reihenfolge:

> *Aqua*vit, das Lebenswasser braucht man als Zielwasser, will man mit Pfeil und Bogen, arco, die *Ark*ade des Arc de Triomphe treffen. So spitzt denn das *auri*kulare *Ohr*-ecchio, das Öhr-chen, das wir in Frankreich oreille und in Spanien oreja nennen, um einen *Bonus* zu bekommen: Auf dem Campus weiß man, daß campo auch etwas mit (auf dem Felde) *camp*ieren zu tun hat. Dabei spielt die Lieblingstätigkeit eines *Kant*ors, das Singen, cantare, eine nicht unerhebliche Rolle. Wenn der *Chef*, der capo, auf seinen Namensursprung, den *kap*uzenbedeckten *Kopf* ein zweifaches *Horn*, corno, aufgesetzt bekommt, dann fletscht er *dent*al die Zähne, wenn er erfährt, daß das Schlafen, *dorm*ire, in seinem *Dormi*torium auch ohne ihn für seine *Dulci*nea und deren Freund süß, dolce, und wohl auch *essen*tiell, *esse*re, sein muß. So mancher hält es lieber mit dem süßen Nichts-Tun, dem dolce *far* niente (*FA*[*CE*]*RE*), statt das Eisen, (chem. Zeichen *Fe*=FERRUM), zu schmieden. Die *Flor*a der Umgebung bietet mit wunderschönen *flor*alen fiori, fleurs, ein Re-*fugi*um, eine Zu-flucht. *Habe* ich (*HABE*RE) dann als *homo* sapiens noch *herbe* Kräuter, HERBA (das Kraut), und benutze vor allem keine *Herbi*zide, habe ich Zugang, *entrée*, *intr*ata (*Ein*tritt) zu einer ökologischen durch die *Lakt*ation der Kuh mögliche Produktion italienischem latte, französischem lait und spanischer leche. Diese Idee können *lingu*al Zunge wie Sprache, und Hände, eher *manu*ell, mano, sich ergänzend zum Ausdruck bringen. Das Sterben, morire, löst post *mortem* den gordischen *Knot*en, nodo, aller Lebensprobleme. Wenn das *okul*are Auge, occhio, zusieht, wie ein glitschiger *Fisch*, pesce (*PISC*em, urverwandt mit *FISC*h), von der wie ein *Palm*wedel aussehenden Handfläche, *palma*, gleitet, muß es lachen, *rid*ere: it's *rid*iculous, isn't it! *Abrupt* (rompere) zerbricht der *Sangui*niker, der zuviel *sangue* in den Adern hat, die Flasche sehr trockenen (*secco*-) *Sekt*s (oder war es eine blutrote *Sangría*?), und läßt eine *Son*ate (*suon*are) ertönen. *Statisch* (*sta*re) *steh*end, allerdings nur *temp*orär, zeitweilig, über der *terr*estrischen Erde, *terra*, inter-*veni*ert (venire) der *Wind*, vento, wie ein *Vent*ilator, wenn es kon-*veni*ert: IN *VINO* VERITAS!

Diese 39 Wörter werden als „absolut panromanisch"bezeichnet:

LAT	FRZ	ITL	KAT	PORT	RUM	SPAN	DEUTSCH
AQUA	eau	acqua	aigua	água	apă	agua	Wasser
ARCUS	arc	arco	arc	arco	arc	arco	Bogen
AURIC[u]LA	oreille	orecchio	orella	orelha	ureche	oreja	Ohr
BONUS	bon	buono	bo[ns]	bom	bun	bueno	gut
CAMPUS	champ	campo	camp	campo	câmp	campo	Feld
CANTARE	chanter	cantare	cantar	cantar	a cânta	cantar	singen
CAPU[t]	chef	capo	cap	cabo	cap	cabo	Kopf
CORNU	corne	corno	corn	corno	corn	cuerno	Horn
DENTE[m]	dent	dente	dent	dente	dinte	diente	Zahn
DORMIRE	dormir	dormire	dormir	dormir	a dormi	dormir	schlafen
DULCIS	douce	dolce	dolç	doce	dulce	dulce	süß
ESSE[re]	être (est)	essere	ésser	ser	este (a fi)	ser	sein
FACERE	faire	fa[ce]re	fer	fazer	a face	hacer	machen
FERRU[m]	fer	ferro	ferro	ferro	fier	hierro	Eisen
FLORE[m]	fleur	fiore	flor	flor	floare	flor	Blume
FUGIRE	fuire	fuggire	fugir	fugir	a fugi	huir	fliehen
HABERE	avoir	avere	haver	haver	a avea	haber	haben
HERBA	herbe	erba	herba	erva	iarbă	hierba	Gras
HOMO	homme, on	uomo	home	homem	om	hombre	Mensch
INTRARE	entrer	entrare	entrar	entrar	a intra	entrar	eintreten
LAC[te]	lait	latte	llet	leite	lapte	leche	Milch
LINGUA	langue	lingua	llengua	língua	limbă	lengua	Zunge,Sprache
MANUS	main	mano	mà	mão	mână	mano	Hand
MORIRE	mourir	morire	morir	morrer	a muri	morir	sterben
NODUS	nœud	nodo	nus	nó	nod	nudo	Knoten
OC[u]LUS	œil	occhio	ull	olho	ochi	ojo	Auge
PALMA	paume	palma	palma	palma	palmă	palma	Handfläche
PISCE[m]	poisson	pesce	peix	peixe	peşte	pez/pescado	Fisch
RIDERE	rire	ridere	riure	rir	a râde	reír	Lachen
RUMPERE	rompre	rompere	rompre	romper	a rupe	romper	brechen, reissen
SANGUE[n]	sang	sangue	sang	sangue	sânge	sangre	Blut
SICCUS	sec	secco	sec	seco	sec	seco	trocken
SONARE	sonner	suonare	sonar	soar	a suna	sonar	klingen
STARE	être	stare	estar	estar	a sta*	estar	sein
TEMPUS	temps	tempo	temps	tempo	timp	tiempo	Zeit
TERRA	terre	terra	terra	terra	ţară	tierra	Erde
VENIRE	venir	venire	venir	vir	a veni	venir	kommen

EuroComRom: Historische Grundlagen 153

| VENTUS | vent | vento | vent | vento | vânt | viento | Wind |
| VINUM | vin | vino | vi | vinho | vin | vino | Wein |

15.4 Der Erbwortschatz aller romanischen Sprachen (147 Wörter)

Wenn man die 39 absolut panromanischen Wörter des Grundwortschatzes um die 108 Wörter ergänzt, die in neun romanischen Sprachen vorkommen, gelangt man zu einer für die Interkomprehension hocheffizienten Übersicht über den Erbwortschatz in allen Regionen der Romania.

Diese insgesamt 147 Wörter bilden den Nukleus des panromanischen Wortschatzes[98]. Auch wenn die Bedeutungen der verschiedenen romanischen Wörter nicht immer in allen Sprachen exakt übereinstimmen, so spielt das für das annäherungsweise Erschließen aus der Sicht der Interkomprehension keine Rolle. Der Erschließungsprozess wird schließlich kontextsensitiv optimiert und korrigiert dabei eventuelle Bedeutungsnuancen.

15.5 Wörter, die in acht romanischen Sprachen vorkommen

Wenn man die Wörter auswählt, die in acht romanischen Sprachen vorkommen, ergibt sich eine Gruppe von weiteren 33 Wörtern.

---

anno, arte, be[ve]re, braccio, cielo, [cl-]chiamare, chiaro, colore, corona, credere, crescere, di[ce]re, duro, letto, luogo, mutare, ne[g]ro, nuovo, notte, parare, par[esc]ere, parte, pace, piede, pena, porta, sale, scrivere, sentire, sorte, tendere, onda, vedere.

In der nachfolgenden Liste der panromanischen Wörter, die in acht Sprachen erhalten sind, findet man bereits einige Lücken, die durch Asterisk (*) gekennzeichnet sind.

---

[98] abgedruckt in Klein/Stegmann 2000, S. 41-45

Assoziation	FRZ	ITL	KAT	PORT	RUM	SPAN	Deutsch
Annalen	an	anno	any	ano	an	año	Jahr
Artist	art	arte	art	arte	artă	arte	Kunst
	boire	be[ve]re	beure	beber	a bea	beber	Trinken
brachial	bras	braccio	braç	braço	braț	brazo	Arm
caelestisch	ciel	cielo	cel	céu	cer	cielo	Himmel
Klamauk	[ac]clamer	chiamare	clamar	chamar	a chema	llamar	Rufen
klar	clair	chiaro	clar	claro	clar	claro	Klar
Color-	couleur	colore	color	côr	culoare	color	Farbe
Corona	couronne	corona	corona	coroa	coroană	corona	Krone/Kranz
Kredit	croire	credere	creure	crer	a crede	creer	Glauben
crescendo	croître	crescere	créixer	crescer	a crește	crecer	Wachsen
Diktion	dire	di[ce]re	dir	dizer	a zice	decir	Sagen
durabel	dur	duro	dur	duro	dur	duro	Hart
wagon-lit	lit	letto	llit	leito/cama	vagon-lit*	lecho/cama	Bett
Lokus	lieu	luogo	lloc	lugar	loc	lugar	Ort
mutieren	[com]muer	mutare	mudar	mudar	a muta	mudar	Verändern
negro-	noir	nero	negre	negro	negru	negro	Schwarz
Nova	neuf	nuovo	nou	novo	nou	nuevo	Neu
nocturn	nuit	notte	nit	noite	noapte	noche	Nacht
parat	[pré]parer	parare	preparar	preparar	a prepara	preparar	[vor-]bereiten
transparent	paraître	parere	paréixer	parecer	a părea	parecer	er-/scheinen
Part(ei)	part	parte	part	parte	parte	parte	Teil
Pazifist	paix	pace	pau	paz	pace	paz	Friede
Pediküre	pied	piede	peu	pé	*picior	pie	Fuß
penalty	peine	pena	pena	pena	*penal> frz	pena	Kummer
Saline	sel	sale	sal	sal	sare	sal	Salz
sentimental	sentir	sentire*	sentir	sentir	a simți	sentir	fühlen, u. ä.
Konsorten	sort	sorte	sort	sorte	soartă	suerte	Schicksal
tendenziell	tendre	tendere	estendre	tender	a tinde	tender	spannen
ondulieren	onde	onda	ona (onda)	onda	undă	onda	Welle
Video	voir	vedere	veure	ver	a vedea	ver	sehen

Aus dem Blickwinkel der Interkomprehension lassen sich diese Lücken jedoch leicht schließen, indem man - wie bei rum. *vagon-lit* oder *penal* - Wörter einfügt, die erst zu einem späteren Zeitpunkt per Transversalentlehnung in den Wortschatz aufgenommen wurden. Auch Bedeutungsveränderungen wie fr. *sentir* (fühlen, riechen), it. *sentire* (hören), sp. *lo siento* (es tut mir leid) halten sich bei diesem Panromanitätsgrad noch in akzeptablen Grenzen (es handelt sich bei allen um Sinnesempfindungen).

15.6 Ergänzungsliste des panromanischen Wortschatzes

Ein weiteres Absenken des Panromanitätsgrads auf ein Vorkommen in 5-8 Sprachen liefert ebenfalls eine für die Interkomprehension noch brauchbare Liste[99]. Danach werden die einzelsprachlichen Lücken zu groß und die Verwendungsmöglichkeit für interkomprehensives Lernen schwindet zunehmend. An diesem Punkt erscheint es sinnvoll, die romanische Profilwortliste[100] einzusetzen, die die regionalen Varietäten und ihre Weiterentwicklung zusammenfasst.

15.7 Struktur des panromanischen Wortschatzes

Zusammenfassend kann man sagen, dass der panromanische Wortschatz aus sechs Teilen besteht:

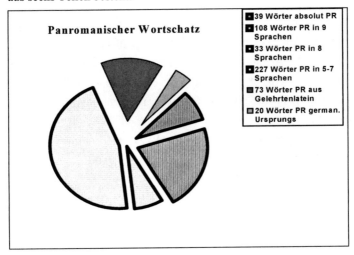

Panromanischer Wortschatz
- 39 Wörter absolut PR
- 108 Wörter PR in 9 Sprachen
- 33 Wörter PR in 8 Sprachen
- 227 Wörter PR in 5-7 Sprachen
- 73 Wörter PR aus Gelehrtenlatein
- 20 Wörter PR german. Ursprungs

---

[99] siehe Klein/Stegmann 2000, S. 267-272
[100] siehe Klein/Stegmann 2000, S. 147-152

1. Die 39 **absolut panromanischen** Wörter aus dem Nominal- und Verbalbereich kommen in allen romanischen Idiomen im Grundvokabular vor. Man findet diese Wörter alle - versteckt - im deutschen Wortschatz.
2. Die 108 Wörter des zweiten Segmentes in der Skizze kommen in mindestens neun romanischen Sprachen vor, ebenfalls meistens im Grundvokabular. Zusammen mit den 39 absolut panromanischen Elementen bilden sie die Liste der **panromanischen Elemente höchsten Grades** (147 Wörter). Man kann sagen, daß die 147 Wörter den **Nukleus des panromanischen Wortschatzes** repräsentieren, den die romanischen Sprachen vom Lateinischen ererbt haben.
3. Diese Gruppe umfasst 33 Wörter, die einen um eine Sprache geringeren Verbreitungsgrad haben: sie kommen in acht romanischen Sprachen vor. Auch diese Wörter findet man entlehnt im deutschen Wortschatz wieder.
4. In der nächsten Gruppe befinden sich 227 Wörter, die in fünf bis sieben romanischen Sprachen im Grundvokabular vorkommen. Zusammen mit den zuvor selektierten 33 Wörtern, die in acht Sprachen vorkommen, entsteht dadurch eine **Ergänzungsliste**[101] von 260 Wörtern, die in fünf bis acht romanischen Sprachen vorhanden sind und ebenfalls überwiegend zum Grundvokabular gehören. Der Nukleus des panromanischen Wortschatzes (147 Wörter) und die Ergänzungsliste (260 Wörter) bilden nach unserer Definition zusammen den **panromanischen Erbwortschatz** der romanischen Sprachen. Neben diesen panromanischen Erbwortschatz treten nun noch die **panromanischen Lehnelemente** der Folgezeit, die Teil des europäischen Kulturerbes sind:

---

[101] Siehe Klein/Stegmann 2000, S. 267-272.

5. Das «Gelehrtenlatein», das als Schriftsprache bis in die Neuzeit großen Einfluss auf die romanische Sprachenfamilie ausübte, liefert weitere 73 Wörter[102], die panromanisch sind.

6. Schließlich sind im langen Kontakt mit germanischen Völkern und Sprachen 20 Lehnwörter germanischen Ursprungs[103] dem Kriterium der Panromanität entsprechend in den Wortschatz der romanischen Sprachen aufgenommen worden.

Der hier ausgewählte panromanische Wortschatz besteht somit aus einem **Erbwortschatz** von 407 Elementen (in der Graphik fett umrandet), von denen 147 den höchsten Grad an Panromanität haben und 260 nach unserer Definition noch als panromanisch bezeichnet werden. Dazu kommt ein panromanischer **Lehnwortschatz** von 93 Wörtern aus dem Gelehrtenlatein und germanischer Herkunft.

16 Morphosyntaktische Veränderungen im Protoromanischen

16.1 Der bestimmte Artikel – eine Systeminnovation

Der Artikel hat neben seiner deiktischen und satzverweisenden Funktion morphologisch vor allem die Aufgabe, Singular und Plural zu differenzieren und (nur) im Singular eine Geschlechtsmarkierung vorzunehmen.

Zum besseren Verständnis des Wandels vom klassischlateinischen zum romanischen Artikelsystem wird zunächst noch einmal die Entwicklung des französischen Artikels im Frankomauritianischen dargestellt. Auf Grund der dargestellten Veränderungen im Phonemsystem[104] entfällt im Frankomauritianischen die Differenzierung nach *maskulin* und *feminin*. Der Zusammenfall der Phoneme [ə] und [e], wichtigste Grundlage für die Pluraldifferenzierung im Französischen (*le/les*), hebt diese Funktion des französischen Artikels in der Kreolsprache auf. In der oralen Erfassung des

---

[102] siehe Klein/Stegmann 2000, S. 56-58
[103] siehe die Liste auf S. 140
[104] siehe Kapitel 5.4, S.60 f.

Französischen in multilingualer Umgebung konnte die wesentliche *Funktion* von Artikel und Teilungsartikel nicht mehr verstanden werden. Den Sprechern erschien der Artikel als Teil des Nomens oder eines komplexen Ausdrucks. So entwickelten sich auf der Basis des Französischen im Frankomauritianischen eine Agglutination der Artikel an einige Nomina; das Artikelsystem als solches verschwand bzw. wurde folgendermaßen verändert:

du feu	-	*dife*	*le chien*	-	*lisyeh*
du pain	-	*dipeh*	*le temps*	-	*letah*
de l'eau	-	*dilo*	*le/les [la] dent*	-	*ledah*
de l'huile	-	*dilwil*	*le doigt*	-	*ledwa*
l' école	-	*lekol*	*les os*	-	*lezo*
l'âge	-	*laz*	*l'oeil, les yeux*	-	*lizye*
la pluie	-	*lapli*	*d/les affaires*	-	*zafer*
la main	-	*lameh*	*d/les oiseaux*	-	*zozo, zwazo*
la chambre	-	*lasam*	*des oeuf(s)*	-	*dizef*

Dieses Phänomen existiert aufgrund der Einwirkung der Liason auch beim unbestimmten Artikel: *un âme → name*

Das Kreolische kennt die französische Artikelfunktion nicht mehr. Der Artikel, nun nicht mehr Träger der Pluraldifferenzierung und zudem noch in vielen Fällen agglutiniert oder assimiliert, verliert seine ursprünglichen Funktionen und gibt sie an andere Elemente ab. Lediglich der unbestimmte Artikel ist erhalten geblieben. Zwangsläufig entsteht die Notwendigkeit, eine *andere Markierung* für die Singular/Plural-Opposition zu finden; hierbei wird auf autochthone Sprachen zurückgegriffen: Das aus Bantusprachen entlehnte und dem Nomen vorangestellte *ban* markiert heute anstelle des bestimmten Artikels den Plural. Volksetymologisch wird dies sogar noch gestützt durch die Rückführung von *ban* auf den französischen Ausdruck *une bande de...*, der Pluralität beinhaltet.

Das klassische Latein kannte keinen bestimmten Artikel. Hier ist die Entwicklung umgekehrt zu dem eben dargestellten Entwicklungsprozess; in allen romanischen Sprachen hat sich ein bestimmter Artikel gebildet. Unsicherheiten im differenzierten Gebrauch und Systemveränderungen im Nominal- (und Verbal-) System und wahrscheinlich auch kategorieller griechischer Einfluss haben zur Entwicklung einer Artikelkategorie geführt.

Das klassische Latein verfügte über die nachfolgenden Demonstrativa, die in den verschiedenen Varietäten des gesprochenen Latein unterschiedliche Funktionen wahrnahmen:

IPSE, -A	VLT: ipsu (In Sardinien Artikel: su, sa)
HIC, HAEC, HOC	VLT: Bejahungspartikel: hoc ille fr .*oui*, okz. *oc*
ILLE, ILLA, ILLUD	VLT: best. Artikel (ART), Pers.pron.
ISTE, ISTA, ISTUD	VLT: partiell demonstrativ; vgl. span. este
IS, EA, ID	VLT: partiell Personalpronomen

Die Notwendigkeit einer Artikelentwicklung ergab sich aus verschiedenen systemverändernden Erscheinungen im VLT:
- Es war keine ausreichende (über Endungen diskriminierbare) Differenzierung von **Kasus**funktionen mehr möglich. Dies ist eine zwangsläufige Konsequenz aus den Veränderungen des Phoneminventars („Quantitätenkollaps").
- Das veränderte Phoneminventar machte eine ausreichende Differenzierung von **Personal-** und anderen **Verbal**endungen unmöglich: Die Funktionen konnten nur durch Hinzutreten von Personalpronomina bewahrt werden. IS, EA, ID; ILLE, ILLA, ILLUD erhalten neue Funktionen.
- Die häufige Verschmelzung verschiedener Demonstrativa mit verstärkenden oder differenzierenden Elementen führte zu Neuschöpfungen und zur Umstrukturierung des Systems. Dabei sind besonders zahlreiche regionale Varianten entstanden, die sich auch gegenseitig beeinflussten.

Aus den oft kontaminierten, neuen Regionalformen haben sich die im folgenden dargestellten romanischen Formen entwickelt:

IPSE, IPSA, IPSUM	- sardischer best. Artikel (*su, sa*)
MET-IPS-IMUS	- metesimus[105]: *medesimo, mismo, mesmo, même*
(AT)QUE + ILLE	- *quello, aquel*
(AT)QUE + ISTE	- *questo, aquest*
ECCE + ISTE	- afrz. *cist*, fr. *ce*
ATQUE + ECCU + ISTE	- rum. *acest*

Die regionale Differenziertheit im Protoromanischen lässt sich an den romanischen Artikelformen deutlich ablesen. Der bestimmte Artikel in den romanischen Sprachen hat die folgende in der Interkomprehension verwendete Strukturformel[106]:

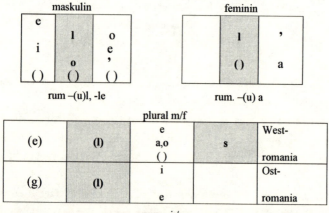

Der dunkel unterlegte Zentralteil der Formel deutet auf die Bewahrung des Liquids, Restbestand des l-Lauts in ILLE/ILLA/ILLUD. In Dakien hat sich die Tendenz entwickelt, den Artikel nachzustellen.

---

[105] Dies ist ein volkssprachlich übertriebenes "(ich) höchstpersönlich".
[106] Klein/Stegmann 2000, S.124

Der unbestimmte Artikel, ebenfalls eine Innovation der Romania, hat in den romanischen Sprachen die folgende Strukturformel:

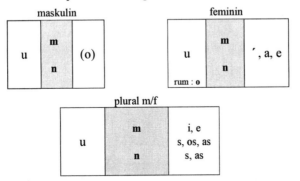

Pluralersatzformen: fr. *des*, rum. *nişte, câţiva, câteva*, it. *qualche*

Der aus dem Zahlwort für *eins* (*unu, una*) hervorgegangene unbestimmte Artikel bewahrt in seiner Wortstruktur das (dunkel unterlegte) Nasalelement, an dem man es interkomprehensiv erschließen kann.

16.2 Pluralmarkierung im Nominalsystem

Anhand der Pluralmarkierungen ist eine eindeutig regionale Strukturierung der protoromanischen Varietäten zu erkennen. Dabei fällt auf, dass die westliche Gruppe der romanischen Sprachen in den Pluralformen auf den ehemaligen Akkusativ Plural des Lateinischen zurückgreift (casus obliquus) und den auf -*s* auslautenden Plural benutzt. Die östliche Gruppe benutzt den vokalisch auslautenden, nach -*i* (m.) und -*e* (f) differenzierenden Pluraltypus, der dem Nominativ der O- und A-Deklination des Lateinischen entspricht.

Das Rumänische kennt darüber hinaus sog. zweigeschlechtliche Wörter, *ambigene*, einen Überrest des lateinischen Neutrum. Diese Ambigenen sind im Singular immer männlich, im Plural immer weiblich. In dieser Gruppe von Nomina hat sich eine Pluralendung paradigmatisch durchgesetzt, die auf dem lat. Modell *tempus / temp-ora* aufbaut (rum. *timp, tim-*

puri) und besonders zur Pluralbildung von Neologismen äußerst häufige Verwendung findet: *hotel – hoteluri*.
Die Interkomprehensionsformel zur Pluralmarkierung:

Pluralendungen in der Ostromania   Pluralendungen in der Westromania
(vokalischer Ausgang)   (Ausgang auf –s)

maskulin	feminin	ambigen (=f)
		(rum.)
-i	-e, -i	-uri

o	
e	s
a	
( )	

16.3 Die Entwicklung des Nominalsystems
16.3.1. Welche Informationen gibt ein KLT-Nomen?

Die klassischlateinischen Nomina besitzen in der Endung eine geballte morphosyntaktische Information. Am Beispiel des Wortes *dominus (Herr, der, ein Herr)* in einer deklinierten Form wird dies deutlich:

NOMEN	STAMM ENDUNG	INFORMATION DER ENDUNG
DOMINUM	**DOMIN --- UM**	1. Nomen, O-Deklination 2. Genus: maskulin 3. Numerus: Singular 4. Kasus: Akkusativ

Anhand dieses komplexen Informationsgehalts einer einzigen Endung ist nachvollziehbar, was geschehen kann, wenn die Endung *–um* ihre Nasalität verliert und aus dem *–u* in der gesprochenen Sprache ein *–o* wird: nämlich, dass die Endung an Eindeutigkeit verlieren und mehrdeutig werden kann. Solche Mehrdeutigkeiten sind im klassischlateinischen System bereits angelegt:

16.3.2 Typische Mehrdeutigkeiten im KLT-System

NOMEN	STAMM	ENDUNG
CAPRAE	CAPR—	AE

INFORMATION DER ENDUNG
1. de la chèvre
2. à la chèvre
3. les chèvres
4. chèvres! (Vokativ)

Aus der Endung –*ae* sind mindestens vier unterschiedliche Informationen zu entnehmen. Wenn man respektiert, dass *capra* nicht nur *Ziege* bedeutet, sondern auch *eine Ziege* und *die Ziege*, könnte man die Informationsmenge hier - wie auch bei dem Beispiel *dominus* - theoretisch mit der Zahl drei multiplizieren, also 12 Informationen erhalten.

Das Lateinische kennt sechs verschiedene Deklinationstypen[107] mit unterschiedlichen Endungen. Wenn man sich auf den ersten und zweiten Deklinationstyp und auf ein maskulines und ein feminines Beispiel im Singular beschränkt, erhalten wir je sechs verschiedene Endungsformen, die bei den Maskulina noch relativ eindeutig sind (außer -*o* für Dativ und -*o* für Ablativ), bei den Feminina schon weniger:

16.3.3 Beispiel für ein maskulines und feminines Deklinationsschema

Nominativ	DOMIN - US	DOMIN - A
Genetiv	DOMIN - I	DOMIN - AE
Dativ	DOMIN - O	DOMIN - AE
Akkusativ	DOMIN - UM	DOMIN - AM
Ablativ	DOMIN - O	DOMIN - A
Vokativ	DOMIN - E	DOMIN - A

Wenn man bedenkt, dass im Femininen das –*ā* des Ablativs sich nur vom

---

[107] 1. A- Deklination, O-Deklination, konsonantische 3. Deklination, vokalische 3. Deklination, die U-Deklination und die E-Deklination

-*a* des Nominativs und Vokativs durch die Länge des Vokals unterscheidet, kann man nachempfinden, mit welcher linguistischen Problematik sich eine mehrsprachige Bevölkerung konfrontiert sah. Man versuche einmal, nachzuvollziehen, was mit dem komplexen System geschieht, wenn in einigen Regionen das Endungs-s ausfällt, in anderen das auslautende –m und sich schließlich die vokalischen Veränderungen durch den sogenannten Quantitätenkollaps vollziehen. Das System ist nicht mehr in der Lage, die Funktionen (hier 6 verschiedene Kasus) durch die Endungen differenziert wahrzunehmen. Ein Funktionswandel muss zwangsläufig Ersatz schaffen. Dieser Ersatz wird durch morphologische Elemente wie die Artikel und Präpositionen und neue Endungen, aber auch durch syntaktische Elemente wie die Wortstellung erzeugt. Die romanischen Sprachen von heute weisen alle diesen Funktionswandel auf. Hier ein französisches Beispiel:

16.3.4 Beispiel für einen Funktionswandel

KLASS. LATEIN	FRANZÖSISCH	INFORMATION
CAPR --- AE →	de la chèvre	1. Nomen: markiert durch ART-Stellung
	(d´une chèvre)	2. Genus: markiert durch ART *la*
CAPR --- AE →	les chèvres, des chèvres chèvres	3. Numerus: markiert durch de la # des schriftl.mark. durch Ø # -s
CAPR --- AE →	à la chèvre	4. Kasus: markiert durch PRÄP *de*

Aus diesem Funktionswandel sind neue morphosyntaktische Systeme abzuleiten, deren Endprodukte sich in der Romania wiederfinden. Zwar hat hier eine Reduktion der Formenvielfalt stattgefunden (allein beim korrekten Erwerb der lateinischen Deklination sind 216 verschiedene Lernvorgänge, sprich Formen notwendig), dafür haben sich aber neue, anders funktionierende Systeme etabliert, die der Komplexität eine neue Flexibilität gegenüberstellen. Hierin liegt ein entscheidender lernökonomischer Vorteil, von dem die Interkomprehension profitiert: Der Schritt von einer heutigen romanischen Sprache zu einer anderen verfügt über wesentlich mehr Transferpotential als der Schritt vom klassischen Latein zu einem der Urenkel.

Offensichtlich gab es aber infolge der regionalen Varietäten kein wirklich einheitliches System des Protoromanischen.

16.4 Protoromanische Kasussysteme

Das Vulgärlateinische kannte mindestens zwei verschiedene Systeme, die sich in den protoromanischen Varietäten etabliert haben. Das am weitesten verbreitete System, das aus der Reduzierung des KLT-Kasussystem entstanden ist, wird *Zweikasussystem* genannt. Ältere Sprachstufen wie das Altfranzösische nutzen dieses System noch. Das Zweikasussystem umfasste als Ergebnis der beschriebenen Veränderungen einen Kasus für den Nominativ und Vokativ, den *casus rectus* und einen Kasus summarisch für die übrigen, den *casus obliquus*, den „schiefen" Kasus. Dies führte dazu, dass die meisten Nomina von der Form abgeleitet sind, die dem lateinischen Akkusativ am nächsten kommen:

Casus rectus: facultas   → kein romanisches Ergebnis
Casus obliquus : facultate(m) → fr. *faculté*, it. *facoltà*, kat. *facultat*,
                               pg. *faculdade*, rum. *facultate*, sp. *facultad*

Die Existenz des Zweikasustem führte dazu, dass im heutigen Französisch einige wenige parallele Formen vorkommen, die auf *c. rectus* und *c. obliquus* zurückzuführen sind und dass romanische Formen in anderen Sprachen in seltenen Fällen auf den c.r., meistens aber auf den c.o. zurückzuführen sind:

	casus rectus	casus obliquus
senior/seniore(m)	*sire*	*seigneur*
homo/hom(i)ne(m)	*on*	*homme*
pastor/pastore(m)	*pâtre*	*pasteur*
companio, companione(m)	*copain*	*compagnon*
	it. *uomo* , rum. *om*	sp. *hombre*, pg. *homem*

Das Rumänische hat ein System entwickelt, in dem der Dativ und der Genetiv eine gemeinsame Form bildeten, der Akkusativ und Nominativ zusammenfielen (bei Differenzierungsmöglichkeit durch die Präposition *per*, rum. *pe)* und in dem der Vokativ erhalten geblieben ist:

Nom/Akk	Gen/Dat	Vok
o fată[108]	*unei fete*	*fato!*
un domn	*unui domn*	*doamne!*

Statistisch liegt in der Romania die Verwendung der obliquus-Ableitungen an der Spitze. Für die Interkomprehension sind diese Differenzierungen relativ unbedeutend, da von der (längeren) obliquus-Form auf die (verkürzte) rectus-Form leichter geschlossen werden kann als umgekehrt. Auch hierin liegt ein starkes Argument für die Überlegenheit einer romanischen Sprache beim innerromanischen Erschließungsprozess gegenüber dem Lateinischen. Das für die Interkomprehension zu komplexe lateinische System muss mehr Informationen aktivieren, um an die Leistungsfähigkeit der romanischen Brückensprachen heranzukommen.

16.5 Die Entwicklung der Komparation

Das KLT-Steigerungssystem ist ein gemischtes. Es kennt drei Typen von Steigerung:

1. die unregelmäßige Steigerung
   BONUS - MELIOR - OPTIMUS
2. die regelmäßige Steigerung per Endung
   FORTIS - FORT-**IOR** - FORT-**ISSIMUS**
3. den Ersatz der Endung durch ein Adverb ("Steigerungspartikel")
   Dies tritt nur bei vokalischem Auslaut des Adjektivs ein, um das Aufeinandertreffen dreier Vokale (*Hiat*) zu vermeiden:
   IDONEUS - **MAGIS** IDONEUS - **MAXIME** IDONEUS
   (statt *IDONEIOR)

---

[108] Mädchen

Das dritte System, offensichtlich das bequemste, hat sich in der gesamten Romania durchgesetzt. Erwartungsgemäß kannten die protoromanischen Varietäten konkurrierende Steigerungspartikel, nämlich *magis* und *plus*. Dem Italienischen *più*, Französischen *(plus)* und dem Sardischen *(prus)* liegt die *plus*-Varietät zu Grunde, dem Portugiesischen *(mais)*, Spanischen *(más)*, Katalanischen *(més)* und Rumänischen *(mai)* die *magis*-Lösung. Die Interkomprehension hat dazu die folgende morphosyntaktische Formel entwickelt[109], die gleichzeitig verdeutlicht, dass der Superlativ unter Verwendung des dazutretenden bestimmten Artikels gebildet wird:

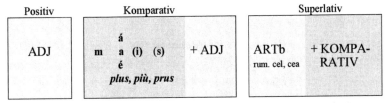

Vergleichspartikel: *(größer)* <u>als</u>:   fr.sp.pg. *que*, it. *che* (oder: *di*), rum. *decât*

Bei besonders häufig gebrauchten Adjektiven haben sich in einigen romanischen Sprachen Reste der unregelmäßigen Steigerung erhalten:
meilleur, pire, majeur, moins; menos, mejor; peggiore, ottimo, maggiore
    Daneben hat sich einzelsprachlich die Superlativendung -ISSIMUS als suffigierter Elativ erhalten: z. B. it. *-issimo*, sp. *-ísimo* fr. *–issime*.
    Auch bei der Bewertung dieses morphosyntaktischen Phänomens zeigt sich, dass das Lateinische als Transfersprache zur Romania nur bedingt geeignet ist.

16.6 Der Untergang des Neutrums

Das Protomanische kannte eigentlich vier "Geschlechter": maskulin, feminin, keines von beiden ("ne-utrum") und beides von beiden ("ambi-gen").
    Die Unsicherheiten im vulgärlateinischen Gebrauch werden durch eine Reihe von Wörtern in den romanischen Sprachen verdeutlicht, die an beiden Geschlechtern partizipieren. Als Beispiel mögen die folgenden

---

[109] Klein/Stegmann 2000, S.123

französischen Wörter dienen, die von verschiedenen Autoren und kontextbedingt sowohl maskulin als auch feminin gebraucht werden:

aigle	L'aire d'**un** aigle, l'aigle blanc de Pologne.
	Les aigles romaines; l'aigle impéri**ale**.
amour	Ce malheur**eux** amour dont votre âme est blessée (Voltaire).
	Alors ces hommes parlaient de leurs premi**ères** am**ours** (Musset).
chose (qc.)	**grand**-chose, quelque chose, peu de chose; autre chose d'important
	Ceci est **une** autre chose.
délice	La lecture de cet ouvrage est **un** pur délice (Académie).
	L'imagination m'apportait des délices infini**es** (Nerval).
foudre	**un** foudre de guerre; **un** foudre d'éloquence;
	La foudre est tombé**e**; frappé par **la** foudre.
gens	**Tous** les gens querelleurs; **Quels** sont ces gens? De nombr**eux** jeunes gens.
	Toutes les vieill**es** gens; **Quelles** honnêt**es** et bonn**es** gens!
hymne	L'hymne nation**al** de la France.
	Santeul, fournisseur d'hymnes élégant**es** pour églises mondaines.
merci	Bien **grand** merci.
	N'attendez de lui auc**une** merci.
œuvre	L' œuvre enti**er** de Rembrandt. **Tout** l' œuvre de Musset.
	Les derni**ères** œuvres de Cicéron.
orge	Nur: orge mondé und orge perlé; sonst immer fem.
orgue	L'orgue majest**ueux** se taisait gravement. **Un** petit orgue de Barbarie.
	L'église a de bell**es** orgues.
période	Cet homme est **au** derni**er** période de sa vie.
	La période lunaire, **une** période musicale.

Das Neutrum ist im Vulgärlatein mehr und mehr außer Gebrauch gekommen. Auf Grund der Unsicherheiten im Endungsgebrauch wanderten die NEUTRA entweder in die Klasse der maskulinen oder in die der femininen Nomina. Auf dieser Basis entwickelt das Rumänische *ambigene*, d.h. zweigeschlechtliche Wörter. Die ambigenen Nomina sind im Singular männlich, im Plural weiblich.

CORPUS, n →m	> m. *el cuerpo, le corps, il corpore*
TEMPUS, n →m, amb.	> m. *il tempo* rum. *timp - timpuri* wird ambigen, d.h. im sg. m. und im pl. f.
MARE, n →m, f	> m. it. *il mare*; im Span. beide Geschlechter: *el mar, la mar*; fr. *la mer*
FOLIUM, n →m, f	> m. it. *il foglio* [*foglia*], sp. *la hoja*, fr.*la feuille*
LAC, n →m, f	> m. fr. *le lait*; f. sp. *la leche*, kat. *la llet*, pt. *a leite*

Restbestände des alten Neutrum finden sich gelegentlich in den romanischen Sprachen, z.B. in der span. Nominalisierung *lo bueno* - das Gute und der italienischen Form *le mura* für die Stadtmauern.

Die Fälle von Unsicherheit sind statistisch in der Romania insgesamt unbedeutend, außerdem wird der Erschließungsprozess durch die Geschlechtskategorie, die meist an Adjektivendungen sichtbar wird, nicht beeinträchtigt. Der in der Interkomprehension übliche Transferprozess kann auf der Ebene der romanischen Einzelsprachen daher problemlos durchgeführt werden.

16.7 Die Entwicklung des VLT-Verbalsystems

Die Komplexität des klassischlateinischen Verbalsystems ist sprichwörtlich. Auch hier ist in der vielsprachigen Kolonialgesellschaft des Imperium Romanum eine Veränderung voraussagbar.

16.7.1 Informationsgehalt der Verbalendung

Die klassischlateinische Verbalendung trägt ungleich mehr an Information als die Nominalendung:

VERBUM	STAMM	K-TYP	ENDUNG	INFORMATION DER ENDUNG
CANTABAT	CANT	-- A --	BAT	1. Verbum finitum / infinitum 2. Konjugationstyp: A-Typ 3. Genus Verbi: aktiv 4. Person: 3. Person 5. Numerus: Singular 6. Genus (nur bei Perf. pass.) 7. Modus: Indikativ 8. Tempus: Imperfekt

Die acht Informationen in der Endung -*abat* verdeutlichen noch nicht die Komplexität der Verbalendungen, denn das Lateinische kennt 4 Konjugationstypen, 6 Tempuskategorien für 6 Personen, 3 Modi (Indikativ, Konjunktiv, Imperativ), 2 Genera Verbi (Aktiv und Passiv) und einige weitere Kategorien (Supinum, Infinitive, Gerundiva, Gerundien). Wir kommen also leicht auf über 1000 verschiedene Endungsmöglichkeiten im elaborierten Gesamtsystem – ohne die entsprechenden Ausnahmen. Dies provoziert nicht nur die Lateinschüler unserer Gymnasien, sondern ist in der gesprochenen Sprache kaum ohne Fehlleistungen nachvollziehbar. Schon anhand eines einzigen Konjugationstyps lassen sich die Konsequenzen aus den lautlichen Veränderungen des gesprochenen Latein nachvollziehen:

16.7.2. Beispiel eines Konjugationstyps

PRÄSENS	FUTUR	IMPERFEKT	PERFEKT
CANT-o	CANT-a-b-o	CANT-a-ba-m	CANT-a-vi
CANT-a-s	CANT-a-b-is	CANT-a-ba-s	CANT-a-visti
CANT-a-t	CANT-a-bi-t	CANT-a-ba-t	CANT-a-vit
CANT-a-mus	CANT-a-bi-mus	CANT-a-ba-mus	CANT-a-vimus
CANT-a-tis	CANT-a-bi-tis	CANT-a-ba-tis	CANT-a-vistis
CANT-a-nt	CANT-a-bu-nt	CANT-a-ba-nt	CANT-a-verunt

Die in der Appendix Probi dokumentierte Unsicherheit beim intervokalischen b/v und einige der bisherigen Erkenntnisse über die Labilität von Endungen führen dazu, dass die Opposition zwischen Imperfekt – Futur – Perfekt (cantabamus – cantabimus – cantavimus), die größtenteils auf der Opposition von b und v beruht, nicht mehr funktionieren kann, wenn Sprecher mit anderen Muttersprachen sich der Mühen des lateinischen Spracherwerbs unterziehen: Der System- und Funktionswandel ist programmiert. Neue Futur- und Perfektformen werden notwendig.

Nachvollziehen lässt sich dies am besten an der folgenden Übersicht der präsentischen Formen:

16.7.3. Funktionswandel im Konjugationsschema

KLT.	VLT. VARIANTE	F-CODE ECRIT	F-CODE ORAL	
PORT-o	(ego) porte	je porte	[ʒə]	-[pɔrt]
PORT-as	(tu) porte(s)	tu portes	[tɥ]	-[pɔrt]
PORT-at	(ille)porte(t)	il porte	[il]	-[pɔrt]
PORT-amus	(nos) portams	nous portons	[nuzõ]	-[pɔrt]
PORT-atis	(vos) portats	vous portez	[vu]	-[pɔrt][-e]
PORT-ant	(illi)porte(n)(t)	ils portent	[il]	-[pɔrt]

Die lateinischen präsentischen Funktionsendungen werden in der gesprochenen Sprache ergänzt durch (zunächst fakultative) vorangesetzte Pronomina, die Endungen bleiben in veränderter Form erhalten. Dieser Zustand bleibt in den meisten romanischen Sprachen Grundlage für die Personalmarkierung, bei der das Personalpronomen nur fakultativ oder emphatisch hinzutritt.

Das Französische ist einen Schritt weitergegangen. Hier tritt das Personalpronomen zur Differenzierung obligatorisch hinzu und die Endungen bekommen teilweise nur noch graphischen Charakter. Diese Tendenz, die sich in den Kreolsprachen fortsetzt, wird bei der genauen Analyse des *code oral* noch verstärkt: Das französische System entwickelt sich zu einem präfigierten System, das (ersetzt man die 1. pl. durch das umgangssprachliche *nous on porte*) zweiendig wird: eine endungslose Standardform -[pɔrt] und eine die Anrede implizierende Distanzform -[pɔrt][-e]. Dieses Zweiersystem findet sich in der Weiterentwicklung vom gesprochenen Französisch zum Frankokreolischen:

mo	mahz/e	
to	mahz/e	Jedes Verbum hat zwei Formen,
li	mahz/e	eine Kurz- und eine Langform.
nu	mahz/e	Für die Verwendung gibt es
u	mahz/e	satzsyntaktische Regeln.
zot	mahz/e	

Die Interkomprehension hat zum Wiedererkennen der Personalendungen eine Reihe von Formeln[110] entwickelt, die romanische Regularitäten und Unterschiede notieren:

16.7.4 Interkomprehensive Wiedererkennung der 2. Person Sg.

Die zweite Person ist in den westromanischen Sprachen in der Regel durch ein –s markiert, die ostromanischen markieren mit –i. Hierbei finden die Erkenntnisse aus den Unterschieden zwischen Ost- und Westromania Verwendung:

Westromania	-s fr.kat.sp.pg.
Ostromania	-i it. rum.

16.7.5 Interkomprehensive Wiedererkennung der 1. Person Plural

Die erste Person Plural lässt sich in der Graphie an drei Phänomen erkennen, von denen eines, das Nasalzeichen, zentrale Bedeutung für den Erschließungsprozess hat.

---

[110] Klein/Stegmann (2000), S. 128-130

Die romanischen Markierungen sind aus den lateinischen Endungen *-amus, -emus, -imus* der 1. Person Plural entstanden. Die panromanische Regel lässt sich reduzieren auf drei Komponenten: Das Vorhandensein eines *Nasalkonsonanten* (*n, m*), vor dem die vokalischen Präfixe *a,ä,e,i,o* erkennbar sind und hinter dem fakultativ ein -o oder ein –s oder beides angehängt wird:

Kennvokal	Nasalkonsonant	Endung
-a		
-ä		
-e	-n	(-o) (-s)
-i	-m	
-o		

Diese Regel resümiert sowohl sprachhistorisch als auch synchron die Tendenz, die der regional differenzierten romanischen Entwicklung zu Grunde liegt.

16.7.6. Wesentliche Veränderungen im VLT-Verbalsystem

Die Notwendigkeit der Neustrukturierung von Futur und Perfekt wurde bereits dargelegt[111]. Sie wurde im Laufe der Zeit in den protoromanischen Varietäten vollzogen. Das gesprochene Latein verlor Kategorien des klassischen Latein und musste sie durch andere ersetzen.

Dabei ergaben sich die folgenden Veränderungen:

- Untergang des KLT-Futurs
- Untergang des KLT-Konjunktiv Imperfekts
- Untergang des KLT-Passivs
- Untergang des KLT-Supinums
- Untergang des KLT-Gerundivums und des Gerundiums
- Untergang des KLT-Partizip des Futurs

Durch Umstrukturierung haben die romanischen Sprachen dafür eine Reihe neuer morphosyntaktischer Phänomene entwickelt, die interkomprehensiv besonders leicht wiederzuerkennen sind:

---

[111] siehe oben, S. 61

- Etwicklung der romanischen Aspektdualität der Vergangenheitsstufe
- Entwicklung unterschiedlicher Futurformen: habere-Futur (Westromania und Italienisch); voluntatives Futur (Rumänisch) ; debitatives Futur (Sardisch); andere Ersatzformen wie das frz. futur proche (*je vais faire*) oder sp. *voy a hacer*
- Entwicklung von Konditionalformen
- Entwicklung eines persönlichen Infinitivs im Portugiesischen
- Entwicklung zusammengesetzter Perfekt- und Plusquamperfektformenformen, die wiederum interkomprehensiv besonders leicht durch die panromanische Verwendung des Hilfsverbs *haben* in seiner jeweiligen zusammengesetzten Form in Verbindung mit dem Partizip Perfekt[112] zu identifizieren sind:

-a -e -i -u	-t -d	(-o,-a,-e)
Stamm- (frz.)	-	é

"Unregelmäßig" gebildete Formen weist vor allem das Französische auf: *pris, mis, plu, cru, su, eu, vu, voulu, dû, venu, fait, fini*

Der Untergang klassischlateinischer Kategorien und die Neuentwicklung anderer hatte eine Umstrukturierung des gesamten Tempussystems zur Folge, das in seinen regionalen Ausprägungen ein hohes Maß an Parallelität aufweist und somit heute für die Interkomprehension optimale Voraussetzungen bietet.

---

[112] Vgl. Klein/Stegmann (2000), S. 132.

16.7.7 Neuordnung des Tempussystems

KLT	VLT	FRZ
Präsens	erhalten	présent
Imperfekt	erhalten	imparfait
Futur I	Ersatzformen	futur + futur proche
Präsens Kj.	erhalten	subjonctif prés.
Imperfekt Kj.	untergegangen	
Perfekt	erhalten	passé simple + passé composé
Plqperf.	erhalten	--
		passé antérieur
		nur im Span., Pg., Prov. erh.:
		plusqueparfait
Futur II	Ersatzformen	--
		futur antérieur
Perfekt Kj.	erhalten	--
		conditionnel I + conditionnel II
Plqperf.Kj.	erhalten	subjonctif passé

Es können sich durchaus in der Folge untergegangener Formen völlig neue Kategorien autonom entwickeln, z.B. das conditionnel des Französischen oder die Aspektdualität der romanischen Sprachen. Eine Reduktion des Systems etwa durch Ausfall einzelner Tempora führt nicht notwendigerweise zu einer Verarmung des Systems, sondern in der Regel zu einer schöpferischen Umstrukturierung und Neuentwicklung von Kategorien. In der Neuen Romania demonstriert dies wiederum die Entwicklung vom Französischen zum Frankomauritianischen. Wie bereits dargestellt[113], hat die ursprüngliche Reduzierung des Systems der Tempora ein neues Tempussystem entstehen lassen, das Kategorien beinhaltet, die das Französische selbst gar nicht kennt.

---

[113] Kapitel 5.4, S.62

16.7.8 Einfluss des Griechischen im Verbalsystem

In jüngster Zeit geht man davon aus, dass das Griechische auch die Grammatik des gesprochenen Latein beeinflusst hat. Große Teile der römischen Sprachgemeinschaft waren offensichtlich zweisprachig. Das Christentum breitete sich von Griechenland und vom hellenisierten Osten her im Imperium aus, es benutzte die griechische Sprache als Ausdrucksinstrument, und das Griechische gehörte zur elementaren Schulausbildung der römischen Kinder. Griechen und griechisch sprechende Orientalen waren so gut wie überall im Imperium anzutreffen, vor allem aber in Italien und besonders in Rom. Zeitweise bestand die Bevölkerung der Stadt zu 90% «Ausländern», von denen die meisten wohl das Griechische entweder als Muttersprache oder als Verkehrssprache benutzten. Die nachfolgende Tabelle zeigt uns, dass bei verschiedenen Satztypen das Romanische eher den griechischen als den lateinischen Regeln folgt.

SATZTYPEN	KLT	GRIECHISCH	ROMANISCH
Objektsätze Nach Verba dicendi	Akkusativ + Infinitiv (AcI)	Akkusativ + Inf. oder ὅτι + Indikativ	quia (quod) + Indikativ
Indirekte Interrogativsätze	Konjunktiv	Indikativ	Indikativ
Finalsätze	Konjunktiv, Gerundium; Gerundiv etc.	Konj. oder Infinitiv	Konj. oder Infinitiv
Konsekutivsätze	Konjunktiv	Indikativ oder Konjunktiv	Indikativ oder Konjunktiv
Kausalsätze	Indikativ oder Konjunktiv	Indikativ	Indikativ

16.7.9 Die Aspektdualität

Die romanischen Sprachen haben gemeinsam die Fähigkeit entwickelt, auf der Vergangenheitsstufe eine Aspektunterscheidung vorzunehmen (*imparfait* gegen *passé composé* bzw. als Variante hierzu das *passé simple*). Das syntaktische *Inzidenzschema* setzt in einen Handlungsablauf eine «*in-*

zidierende», neue Handlung ein[114]. Dieses Schema ist ein Grundmuster für die Verbindung von Handlungen und für die Gliederung und Dynamisierung eines Textes. Lediglich in der Zeitform der neu einsetzenden Handlung (*passé composé* oder *passé simple*) unterscheiden sich die romanischen Sprachen:

fr.	*Quand je sortais de la chambre, j' ai rencontré un ami.*
it.	*Quando uscivo dalla camera, incontrai un amico.*
kat.	*Quan sortia de la cambra, vaig trobar-me amb un amic.*
pg.	*Quando saía do quarto, encontrei um amigo.*
rum.	*Când ieşeam din odaie, am întâlnit un prieten.*
sp.	*Cuando salía de la habitación, me encontré con un amigo.*

17 Panromanische Syntax
17.1 Panromanische Kernsatzstrukturen

Die weitaus größte Parallelität der romanischen Strukturen findet sich in den Kernsatztypen[115]. Zwar gibt es hierfür lateinische Parallelmuster, diese sind jedoch fakultativ, da die Wortstellung im Lateinischen keinen obligatorischen Mustern unterliegt.

Die folgende Übersicht über die panromanischen Kernsatzstrukturen zeigt, wie weit sich das Protoromanische vom KLT-Vorbild (Zeile 1) entfernt hat. Die jeweils in der dritten Zeile dargestellte VLT-Entsprechung war offensichtlich Grundlage für alle romanische Sprachen.

PANROMANISCHE KERNSATZSTRUKTUREN IM KLT, FRZ UND VLT

K1: NP + V (sein) + NP (Nom)	**KLT** THEODORA STUDIOSA (EST)
	FRZ Théodore est étudiante
	VLT Theodora est studiosa

---

[114] abgedruckt in Klein 1974, S. 81.
[115] Die Transferfähigkeit der romanischen Kernsatztypen ist erstmalig in Klein/ Ceauşescu 1979, S. 31 ff. dargestellt worden

K2: NP + V (sein) + ADJ	THEODORA PULCHRA (EST) Théodore est belle Theodora est bella
K3: NP + V + NP (Akk)	THEODORA VITAM AMAT Théodore aime la vie Theodora ama(t) vita[m]
K4: NP + V	THEODORA DORMIT Théodore dort Theodora dormit
K5: NP + V + PP	TH. GRAPHEO DORMIT Th. dort dans le bureau Th. dormit in (illo) grapheo
K6: NP + V + NP (Akk) + PP	TH. GRAPHEO LIBRUM LEGIT Th. lit un livre dans le bureau Th. legit (unum) librum in (illo) grapheo
K7: NP + V + NP (Dat)	TH. AMICO SE DIRIGIT Th. s'adresse ... un ami Th. se dirigit ad (unu[m]) amicu[m]
K8: NP + V + NP (Akk) + NP(Dat)	TH. AMICAE LIBRUM DAT Th. donne le livre à une amie Th. Danat (illum) librum ad (una[m]) amica[m]
K9: NP + V + NP (Dat) + PP	(IN) GRAPHEO TH. AMICO SE DIRIGIT Y. s'adresse à un ami dans le bureau Th. se dirigit ad (unu[m]) amicu[m] in (illo) grapheo

Die im gesprochenen Latein entstandenen Kernsatztypen sind Grundlage für alle romanischen Sprachen. Das mit dem französischen Beispiel versehene Schema lässt sich auf alle anderen romanischen Sprachen übertragen, wie man aus der folgenden Tabelle ersehen kann. Mit Hilfe dieser neun Kernsatztypen besitzen wir in der Interkomprehension eines der wichtigsten, da unbewusst eingesetzten Werkzeuge für den Transfer.

17.2 Die 9 Kernsatztypen in den übrigen romanischen Sprachen

Italienisch

K1:	NP + V (sein) + NP (Nom)	Paola è studentessa.
K2:	NP + V (sein) + ADJ	Paola è simpatica.
K3:	NP + V + NP (Akk)	Paola ama la vita.
K4:	NP + V	Paola dorme.
K5:	NP + V + PP	Paola dorme in ufficio.
K6:	NP + V + NP (Akk) + PP	P. legge un libro in ufficio.
K7:	NP + V + NP (Dat)	P. si dirige a un collega.
K8:	NP + V + NP (Akk) + NP (Dat)	P. dà l'informazione a un collega.
K9:	NP + V + NP (Dat) + PP	P. si dirige a un collega in ufficio.

Katalanisch

K1:	NP + V (sein) + NP (Nom)	Rosa és estudiant.
K2:	NP + V (sein) + ADJ	Rosa és simpàtica.
K3:	NP + V + NP (Akk)	Rosa estima la vida.
K4:	NP + V	Rosa dorm.
K5:	NP + V + PP	Rosa dorm a l'oficina.
K6:	NP + V + NP (Akk) + PP	R. llegeix un llibre a l'oficina.
K7:	NP + V + NP (Dat)	R. es dirigeix a un col·lega.
K8:	NP + V + NP (Akk) + NP(Dat)	R. dona l'informació a un col·lega.
K9:	NP + V + NP (Dat) + PP	R. es dirigeix a un col·lega a l'oficina.

Portugiesisch

K1:	NP + V (sein) + NP (Nom)	João é estudante.
K2:	NP + V (sein) + ADJ	João é simpático.
K3:	NP + V + NP (Akk)	João ama a vida.
K4:	NP + V	João dorme.
K5:	NP + V + PP	João dorme no escritório.
K6:	NP + V + NP (Akk) + PP	João lê um livro no escritório.

K7:	NP + V + NP (Dat)	João dirige-se a um colega.
K8:	NP + V + NP (Akk) + NP (Dat)	João dá a informação a um colega.
K9:	NP + V + NP (Dat) + PP	João dirige-se a um colega no escritório.

Rumänisch

K1:	NP + V (sein) + NP (Nom)	Radu este student.
K2:	NP + V (sein) + ADJ	Radu este simpatic.
K3:	NP + V + NP (Akk)	Radu iubeşte viaţa.
K4:	NP + V	Radu doarme.
K5:	NP + V + PP	Radu doarme la birou.
K6:	NP + V + NP (Akk) + PP	Radu citeşte o carte la birou.
K7:	NP + V + NP (Dat)	Radu se adresează unui coleg.
K8:	NP + V + NP (Akk) + NP (Dat)	Radu dă informaţia colegului.
K9:	NP + V + NP (Dat) + PP	Radu se adresează unui coleg la birou.

Spanisch

K1:	NP + V (sein) + NP (Nom)	Pedro es estudiante.
K2:	NP + V (sein) + ADJ	Pedro es simpático.
K3:	NP + V + NP (Akk)	Pedro ama la vida.
K4:	NP + V	Pedro duerme.
K5:	NP + V + PP	Pedro duerme en la oficina.
K6:	NP + V + NP (Akk) + PP	Pedro lee un libro en la oficina.
K7:	NP + V + NP (Dat)	Pedro se dirige a un colega.
K8:	NP + V + NP (Akk) + NP (Dat)	Pedro da la información a un colega.
K9:	NP + V + NP (Dat) + PP	Pedro se dirige a un colega en la oficina.

Neben der Parallelität der neun Kernsatztypen finden sich in der gesamten Romania eine Anzahl identischer Nebensatzstrukturen[116], die automatisch interkomprehensiv und damit transferfähig sind, z.B. der Relativsatz:

---

[116] Weitere panromanische syntaktische Strukturen in: Klein/Stegmann 2000, S. 117 ff.

fr.	*Le train* qui *va a Paris est parti.*	*- Le train* que *je vois* ...
it.	*Il treno* che *va a Parigi è partito.*	*- Il treno* che *vedo* ...
kat.	*El tren* que *va a París ha sortit.*	*- El tren* que *veig* ...
pg.	*O comboio* que *vai (para) París saiu.*	*- O comboio* que *vejo* ...
rum.	*Trenul* care *merge la Paris a plecat.*	*- Trenul* pe care *îl văd*...
sp.	*El tren* que *va a París ha salido.*	*- El tren* que *veo* ...

Es gibt aber auch eine geringe Anzahl von syntaktischen Partikularitäten, die regionale Sonderentwicklungen erkennen lassen. Hierzu zählen insbesondere die Einflüsse der balkanischen Sprachenfamilie auf einige syntaktische Strukturen des Rumänischen (u.a. Nebensatzverkürzung durch Konjunktivverwendung), aber auch Doppelmarkierungen des Dativ oder des Akkusativ, die im Spanischen wie im Rumänischen vorkommen. (rum. *îl văd pe Ion*, sp. *lo veo a Juan*). Auch das Phänomen des personalisierten Infinitivs im Portugiesischen gehört hierher. Ähnlich wie im lexikalischen Bereich die Divergenz dazu dient, Sprachprofile zu gewinnen, sind solche auf regionaler Diversifizierung beruhende Erscheinungen von Nutzen, um syntaktisch Profilhaftes hervorzuheben.

Die EuroCom-Methode beruht auf dem Transferpotential, das die Romanische Sprachwissenschaft erarbeitet hat. Dabei kommt dem unbewusst ablaufenden Transferprozess, der durch die Übertragung der makrosyntaktischen Strukturen einer romanischen Sprache auf eine andere stattfindet, eine Basisfunktion zu. Ungefähr 98% der makrosyntaktischen Strukturen eines Textes[117] lassen sich auf diese Weise übernehmen. Das historische Fundament, das im Vulgärlateinischen der protoromanischen Phase zu finden ist, ist die eigentliche Basis für die Interkomprehensionsfähigkeit der romanischen Sprachengruppe. Hier sind die Prozesse zu finden, die die konvergenten Strukturen der Romania ausmachen und die den romanischen Einzelsprachen ihr Profil gegeben haben.

---

[117] siehe Klein/Rutke 1997, S. 178-183.

Das Lateinische selbst ist daher nur bedingt geeignet, einen effizienten und lernökonomisch optimierten Zugang zur romanischen Sprachengruppe zu finden.

3. Teil: Kleine Textanthologie

18 Ausgewählte Texte

18.1 Inschriften

In den hier ausgewählten Inschriften ist vor allem die Unsicherheit im mündlichen Sprachgebrauch dokumentiert:

fuit mihi natibitas Romana.
nomen si quaris, Iulia bocata so,
que vixi munda cum byro meo Florentio
cui demisi tres filios superstetes.
mox gratia dei percepi suscepta in pace neofita.
[D 1537, Rom]

D.M. fecit mater infelicissima filio pientissimo et karissimo Annio Leonati, qui vixit annis viginti et septe, mesibus quinque, diebus quindeci. [II 4331, Tarragona]

Q.Iul. Apri civis Lugd(unensis) IIIII vir Valentiae, qui vixit annos XVII, m. VIIII, d. XXVII, corpus hic quiescet mesoleum Vindauscia Evvanielis mater fecit filio dulcissimos e(t) sub ascia dedicavi.
[XII 1751, Valence, 3.Jh.)

in huc locu requievit Leucadia, deo sacrata puella, qui vitam suam prout proposuerat gessit, qui vixit annos XVI tantum, beatior in dno concedit mentem p(rincipa)t(u)s consu(lis) Theudosi XIII.
(XIII 2354, Lyon, 431 n.Chr.)

hic requiescit in pace Argentia, qui bixit plus minus annos XL. locum bero quem sibi benerabilis abbatissa Gratiosa preparaberat se vibam, mihi eum

cessit. coniuro per patrem et filium et spiritum s(an)c(tu)m et diem tremendam iudicii, ut nullus presumat locum istum, ubi requiesco, violare. quod si qui pot anc coniurationem presumserit, anatema abeat de Iuda et repra Naman Syri abeat.
[D 3866, Rom]
D.M. requiescet santus spiretus in nomene Dei. Valeria Ponpeia fecit Asello benemereto, qui vixit meco an. VIII, m. VIII, d. VIIII. perit an. XXXVI.

Neben den Inschriften gehören die Glossen zu den ergiebigsten Quellen des gesprochenen Latein. Die Bewahrung der römischen Norm und der vermeintliche Verfall dieses einigenden Bandes bewegte die Gemüter von Grammatikern und Lehrmeistern. Die Folge waren Anti-Barbarus-Traktate, die mit schulmeisternden Allüren sprachliche Veränderungen als Fehler anprangerten oder auch - in späterer Zeit, als der Abstand zwischen (romanischer) Volkssprache und (lateinischer) Schriftsprache unüberwindlich geworden war - volkssprachliche Hilfen zum Verständnis klassischer oder biblischer Texte gaben.

18.2 Appendix Probi

Probus ist ein lateinischer Schulmeister (3./4. Jh.), der den «vulgären» Sprachgebrauch anprangert. Appendix ist der Anhang zu einer grammatischen Abhandlung des Probus, der hier 227 «vulgäre» Wendungen aufzählt und ihnen die jeweils korrekte Form gegenüberstellt.

porphireticum marmor non purpureticum marmur

speculum non speclum	iecur non iocur
masculus non masclus	auris non oricla
vetulus non veclus	camera non cammara
vitulus non viclus	cloaca non cluaca
vernaculus non vernaclus	plebes non plevis
articulus non articlus	apes non apis
baculus non vaclus	nubes non nubs

angulus non anglus
iugulus non iuglus
vacua non vaqua
vacui non vaqui
cultellum non cuntellum
columna non colomna
aquaeductus non aquiductus
cithara non citera
crista non crysta
formica non furmica
gyrus non girus
avus non aus
miles non milex
sobrius non suber
masculus non mascel
iuvencus non iuvenclus
equs non ecus
coqus non cocus
conquens non cocens
coqui non coci
acre non acrum
pauper mulier non paupera mulier
bravium non brabium
doleus non dolium
calida non calda
frigida non fricda
vinea non vinia
tristis non tristus
ostium non osteum
Flavus non Flaus
cavea non cavia
senatus non sinatus
alveus non albeus

vulpes non vulpis
fames non famis
sedes non sedis
draco non dracco
oculus non oclus
aqua non acqua
alium non aleum
tabula non tabla
puella non poella
aper non aprus
amycdala non amiddula
faseolus non fassiolus
stabulum non stablum
meretrix non menetris
aries non ariex
persica non pessica
mensa non mesa
auctor non autor
auctoritas non autoritas
ipse non ipsus
terraemotus non terrimotium
rivus non rius
pavor non paor
myrta non murta
iunipirus non ieniperus
tolerabilis non toleravilis
basilica non bassilica
viridis non virdis
constabilitus non constablitus
hostiae non ostiae
Februarius non Febrarius
rabidus non rabiosus
necne non necnec

lancea non lancia
favilla non failla
orbis non orbs
formosus non formunsus
flagellum non fragellum
calatus non galatus
digitus non dicitus
solea non solia

passim non passi
numquit non nimquit
numquam non numqua
noviscum non noscum
vobiscum non voscum
nescioubi non nesciocube
olim non oli
adhuc non aduc

18.3 Reichenauer Glossen

Die aus dem 8. Jh.stammenden Reichenauer Glossen sind eine Sammlung von KLT-Wörtern, denen die volkssprachliche (=VLT) Entsprechungen beigefügt werden.

18.3.1. Glossarium biblicum

excubent:	vigilent vel custodias faciunt.
battilla:	unde carbones foras portantur.
uva passa:	uva sicca.
esum:	comestum. manducatum.
querelas:	murmurationes.
luxit:	flevit, ploravit.
externus:	extraneus.
egregia:	nobilia, optima.
extimplo:	statim.
distulerit:	reversaverit.
uliciscere:	vindicare.
necis:	mortis.
expediti:	strenue preparati.
in presidium:	in adiutorium.
profugus:	fugitivus.
ictus:	colpus.
vocavi:	clamavi.

pueros:	infantes.
articulos:	digitos.
ago:	facio.
egit:	fecit.
rupem:	petram.
da:	dona.
in gutture:	in gule, in fauces.
dilexi:	amavi.

18.3.2 Glossarium alphabeticum zur Vulgata

arena:	sabulonem.
atram:	nigram.
comesta:	manducata.
difert:	elongat.
detegere:	discooperire.
fissura:	crepatura.
flasconem:	buticulam.
fervet:	bullit.
frondes:	ramos vel folia.
Gallia:	Frantia.
hiems:	ibernus.
induti:	vestiti.
mares:	masculus.
novacula:	rasorium.
preter:	excepto.
pulempta:	farina.
solitudo:	heremus
sartago:	patella.
sus:	porcus.
utere:	usitare.

18.4 Aus dem Kochbuch des Apicius (IV-V.Jh.)

DE RE COQUINARIA

Ut carnem salsam dulcem facias: carnem salsam dulcem facies, si prius in lacte coquas et postea in aquam.

Ut pisces fricti diu durent: eodem momento, quo friguntur et levantur, ab aceto calido perfunduntur. ostrea ut diu durent: lavas ab aceto, aut ex aceto vasculum picitum lava et ostrea compone.

Ut dulcia melle diu durent: accipies quod Graeci dicunt cnecon et facies farinam et admisces cum melle eo tempore quo dulcia facturus es. Ut mel malum bonum facias: mel malum bonum facies ad vendendum, unam partem mali et duas boni si simul miscueris. Mel corruptum ut probes: inlunium infundes in melle et incende: si incorruptum est, lucet.

Uvae ut diu serventur: accipies uvas de vite inlaesas, et aquam pluvialem ad tertias decoques, et mittis in vas, in quo et uvas mittis. Vas picari et gypsari facies, et in locum frigidum, ubi sol accessum non habet, reponi facies, et quando volueris, uvas virides invenies. Et ipsam aquam pro hydromelli aegris dabis. Et si in hordeo obruas, inlaesas invenies.

Ut mala granata diu durent: in calidam ferventem merge, et statim leva et suspende. Ut mala Cydonia diu serventur: eligis mala sine vitio cum ramulis et foliis, et condies in vas et suffundes mel et defritum; diu servabis.

Ficum recentem, mala, pruna, pira, cerasia ut diu serves: omnia cum peciolis diligenter legito et in melle ponito, ne se contingant.

Citria ut diu durent:in vas vitreum mitte, gypsa, suspende.
Mora ut diu durent: ex moris sucum facito, et cum sapa misce, et in vitreo vase cum moris mitte: custodies multo tempore.

Holera ut diu serventur: holeraelecta non satis matura in vas picitum repone.

Rapae ut diu serventur: ante accuratas et compositas asperges myrtae bacis cum melle et aceto. Aliter: sinapi tempera melle, aceto, sale, et super compositas rapas infundes.

Tubera ut diu serventur: tubera, quae aquae non vexaverint, componis in vas alternis, alternis scobem siccam mittis, cooperios et gypsas, et loco frigido pones.

Duracina Persica ut diu durent: eligito optima, et mitte in muriam. Postera die exime, et ispongiabis diligenter, et collocabis in vas. Fundes salem, acetum, satureiam.

18.5 Glosas Emilianenses

Das Kloster von San Millán, im Westen der Provinz Logroño, bewahrt ein Manuskript aus dem 10. Jahrhundert mit verschiedenen religiösen Testen aus dem 9.- 10. Jh. auf. Diese Sammlung wie auch die von Silos wurden in der Mitte des 10. Jh. mit Randglossen und Interlinearkommentaren versehen, die beweisen, dass die Autoren sich der Tatsache bewusst waren, dass es bereits parallele Strukturen gab: lateinische und romanische. Es handelt sich hier um ein erstes Beispiel der ibero-romanischen Varietät. Man findet bereits die Diphthongierung von *e* und *o*, die Reduzierung der Deklination auf den casus obliquus, die Verwendung des bestimmten Artikels und das (west-)romanische Futur.

Karissimi, quotienscumque ad eclesiam vel ad sollemnitatem martirum conventi fueritis [...], cum Dei adiutorio implere contendite [tenete] [...] Sunt enim plurime, et precipue [plus, maius] mulieres, qui in eclesia garriunt [...] Adtendat unusquisque [katet quiscataqui], ne munera accipiendo alterius causam malam faciat suam penam, si iniuste iudicaverit; accipe pecunie lucrum et incurrit [kaderat] anime detrimentum. Non se circumveniat qui talis est [non se cuempetet elo uamne en sivi]; in illo enim impletur quod scriptum est: in quo iudicio iudicaveritis, iudicavimini. Forsitan [alquieras] quando ista predicamus, aliqui contra nos irascuntur et dicunt: ipsi qui hoc predicant, hoc implere dissimulant

[tardasan por inplire]; ipsi sacerdotes, presviteres et diacones talia plura conmittunt [tales muitos fazen]; et quid<d>am, fratres, alicotiens [aliquandas beces] verum est, quod peius est. Nam aliqui clerici et inebriari se solent, et causas iniuste subvertere [transrtornare] et in festivitatibus causas dicere et litigare non erubescunt [non se bergu<n>dian tramare]. Sed numquid [certe] toti condemnati sunt? [...] Nos ipsos pariter [aduna] arguimus [castigemus]; [...] admoneo [castigo]; in diem iudicii duppliciter criminis [peccatos] reus esse timeo; ad mensam cordis vostri offero [dico] legem divinam, quasi [quomodo] Domini mei pecuniam [ganato].
Christus cum venerit sacerdotibus, ipse est exacturus [de la probatione] usuram [ela legem] [...] Salvatoris precepta insinuo [io castigo] [...] qui et nobis tribuat libenter [voluntaria <mientre>] audire quod predicamus [...] adiubante domino nostro Ihesu Christo, cui est honor et imperium cum patre et spiritu sancto in secula seculorum [cono aiutorio de nuestro dueno, dueno Christo, dueno salbatore, qual dueno get ena honore, e qual duenno tienet ela mandatione cono patre, cono spiritu sancto, enos sieculos delp<s> sieculos. Facanos Deus omnipotes tal serbitio fere ke denante ela face gaudioso segamus. Amen].

18.6 Itinerarium (Peregrinatio) Egeriae

Verfasserin ist eine fromme Dame namens Egeria, die um 400 ein Itinerarium (Reisewegbeschreibung) verfasst hat. Sie stammt vermutlich aus Südfrankreich oder Katalonien.

I.1 ... Interea ambulantes pervenimus ad quendam locum, ubi se tamen montes illi, inter quios ibamus, apariebant et faciebant vallem infinitam, ingens, planissima et valde pulchram, et rans vallem apparebat mons sanctus Dei Syna. Hic autem locus, ubi se montes aperiebant, iunctus est cum eo loco, quo sunt memoriae concupiscentiae. 2. In eo ergo loco cum venitur, ut tamen commonuerunt deductores sancti illi, qui nobiscum erant, dicentes: "Consuetudo est, ut fiat hic oratio ab his, qui veniunt, quando de eo loco primitus videtur mons Dei"; sicut et nos fecimus. Habebat autem de eo loco ad montem Dei forsitan quattuor milia totum per valle illa, quam dixi ingens.

II. 1. Vallis autem ipsa ingens est valde, iacens subter latus montis Dei, quae habet forsitan, quantum potuimus videntes estimare aut ipsi dicebant, in longo milila passos forsitan sedecim, in lato autem quattuor milia esse appellabant. Ipsam ergo vallem nos traversare habebamus, ut possimus montem ingredi. 2. Haec est autem vallis ingens et planissima, in qua filii Israhel commorati sunt his diebus, quod sanctus Moyses ascendit in montem Domini et fuit ibi quadraginta diebus et quadraginta noctibus. Haec est autem vallis, in qua factus est vitulus, qui locus usque in hodie ostenditur; nam lapis grandis ibi fixus stat in ipso loco. Haec ergo vallis ipsa est, in cuius capite ille locus est, ubi sanctus Moyses cum pasceret pecora soceri sui, iterum locutus est ei Deus de rubo in igne.

18.7 Merowingerlatein (8. Jh)

Das Merowingerlatein gilt als besonders leicht verständlich, da die Syntax bereits deutlich von romanischen Traditionen beeinflusst ist.

Vita Memorii
Cum audisset silentium sanctorum ipsorum, expavit rex et aequos suos contremuit; caecidit in terra et dixit ad praefectum suum: "Quis sunt isti qui talem iniuriam praeparaverunt?" et ait sanctus Memorius ad regem: "Nos sumus misi ad sancto Lupo episcopo. Tibi notum sit, ut civitatem huic unde agressi sumus ad te eam non praemitas captivare nequae incendium concremare." Praefectus ait ad regem: "Eccae quidem te grave iniuriam praeparaverunt cum magias eorum! Ibueas eos gladio ferire."

Ad eum rex respondens: "Obtime iudicasti", et extractis gladiis suis, amputaverunt capita diaconorum vel innocentum. Et ait rex: "Senece, nolite eum gladium ferire; sed eat, nunciet civitatem vel hominibus, qui morantur in eam, scaelera quod factum fuit, quia prior sum ego quam Deus eorum, quem ipse adhorant." Praefectus ait ad sanctum Memorium: "Eccae vidis eos interfectus; tu autem eis adiuvare non potaeris." Et ait rex ad ministros suos: "Magias eorum, quas in manus ferebant ante se, confrangite eas et incaendium concraementur." Ad ubi incendius de crucis sanctas fervebat, egressa est scentilla, percuciens in oculo pincerne regis et caecidit vocaeferans. Et ait sanctus Memorius ad regem: "Si credis Deum meum, potens est hunc puerum sanum facere." Rex ei respondesn: "Fiat." Tunc sanctus Memorius imponens signum crucis super oculum puaeri, et statim oculos suos restauratus est, sicut antea fuerat.

18.8 De fluminibus hispanis (vermutlich 9.Jh.)

Nomina flubiorum *grammatikalisch Fehler (Spanische Einfluß)*

Flubius qui inrigat Cordoba, qui dicitur Bete, nascitur in campo Spanie et cadit in mare in oceanum occidentale; currit milia ccccxii.

Flubius Tagus, qui inrigat Toleto nascit in campo Spaniae, occidit in mare occidentale. Currit milia cccii.

Flubius Minon nascit prope Pereneum in rotunditate vertitur, ut Vegratium oppidum maritimum (Brigantium?) includit, et sic in oceanum mare precipitat et currit milia cccxii.

Flubius Hiberus, nascit sub Astoribus montis, inlustrat Spania, cadit in mare de Tortosa iuxta Terracona; currit milia ccxiiii.

Flubius Rodanus currit milia dccclxii.

Flubius Garonna currit milia mille minus sexaginta vii.

Flubius Dorius nascit in Discertii montis et defluit in occidentalem partem; cadit in mare oceanum; corrit milia cclx.

18.9 Der Übergang vom Protoromanischen zum Altfranzösischen

Die Straßburger Eide gelten neben dem Indovinello Veronese als ältester romanischer Text. Karl und Ludwig, Söhne Ludwigs des Frommen, schließen gegen ihren Bruder Lothar den Vertrag von Straßburg (842), den sie vor ihren Heeren beschwören. Dieser diplomatische Vertrag, der wohl im Original in lateinischer Kanzleisprache abgefasst war, ist als Eid in „teudisca" und „romana lingua" überliefert. In der ersten Zeile haben wir den altfranzösischen Text wiedergegeben, in der zweiten zum Vergleich eine vulgärlateinische Version konstruiert:

18.9.1 Die Straßburger Eide (842)

Por Deo amur et por christian poblo   (Altfranzösisch)
pro Deo amore et pro christiano populo   (Vulgärlatein)

et nostro commun saluament, d'ist di in
et nostro commune salvamento, de isto die in

auant, in quant Deus sauir et podir me
ab+ante in quanto Deus sapere et potere me

dunat, si saluarai   eo cist   meon fradre
donat sic salvare+habeo ego ecce+isto meum fratre[m]

Karlo et in aiudha et in cadhuna cosa,
Carolo et in adiuta et in cata+una causa

si cum   om par dreit son fradra   saluar
sic quomodo homo per directo suum fratre[m] salvare

dift, in o   quid il mi   altresi fazet.
debet in hoc quid illi me/mihi alter+sic faciat.

Et ab Ludher nul plaid   nunquam prindrai
et apud Lodhario nullo placito numquam pre[he]ndere+habeo

qui, meon uol, cist   meon fradre Karle
qui meum volo ecce+isto meum fratre Carolo

in damno sit.
in damno sit.

Si Lodhuuigs sagrament que son fradre Karlo
Si Lodhuvicus sacramento quod suum fratre Carolo

iurat conseruat, et Karlus, meos sendra,
iurat conservat et Carolus meus senior

de sua part non [lo's tanit], si io returnar   [korrupte Stelle]
de sua parte non [?] si ego retornare

non l'int   pois, ne io ne neuls   cui eo
non illo inde *possio nec ego nec nec+ullus cui ego

returnar int pois, in nulla aiudha contra
retornare inde *possio in nulla adiuta contra

Lodhuuig nun li iu er.
Lodhuvico non illi ibi ero.

18.10 Textbeispiel zum altfranzischen Dialekt

Karlsreise

Das Anfang des 12. Jh. in Alexandrinern verfasste Gedicht zur Karlsreise schildert im Stil der Heldenepen eine auf historischen Elementen beruhende fiktive Pilgerfahrt Karls des Großen nach Jerusalem. Sie gilt als klassisches Beispiel des in und um Paris entstandenen altfranzischen Dialekts.

Un jorn fut li reis Charles al saint denis mostier
rout prise sa corone, en croiu seignat son chief.
Et at ceinte sa spee dont li ponz fut d'or mier.
Dus i out et demeines, barons et chevaliers.
Charles li emperere reguardet sa moillier.
Ele fut coronee al plus bel et al mielz.
Il la prist par le poin desoz un olivier.
De sa pleine parole la prist a araisnier.
"Dame, veiïstes onques rei nul dedesoz ciel,
Tant bien seiïst espee ne la corone el chief?"

18.11 Chantefable: Estula

Die populäre Chantefable über die Ereignisse um den Hund, der den Namen Estula (Bist du da?) trägt, eignet sich besonders zur interkomprehensiven Lektüre. Es ist eine volkstümliche gereimte Singfabel, die das Altfranzösische durch Interkomprehension vom Französischen her erschließbar macht.

Il estoient jadis doi frere,
Senz conseil de pere et de mere,
Et tot senz autre compaignie;
Povretez fu bien lor amie,
car sovent fu en lor compaigne,
Et c'est la riens qui plus mehaigne
Ceus entor qui ele se tient;
Nus si granz malages ne vient.
Ensemble manoient andoi
Li frere dont dire vos doi.
Une nuit furent mout destroit
De soif et de faim et de froit:
Chascuns de cez maus sovent tient
A ceus que Povretez maintient.
Un jor se pristrent a penser
Coment se porroient tenser
Ver Povret, qui les apresse;
Sovent lor fait sentir mesaise
Uns mout renomez riches on
Manoit mout près de lor maison:
Cil sont povre, li riches fous.
En son cortil avoit des chous,
Et en l'estable des brebiz:
Andoi se sont cele part mis.
Povretez faint maint ome fol.
Li uns prent un sac a son col,

L'autres un coutel en sa main;
Ambedoi se sont mis al plain.
L'uns entre el cortil maintenant,
Puis ne vait gueres atardant;
Des chous trencha par le cortil.
L'autres se trait vers le bercil
Por l'uis ovrir: tant fait li uevre.
Avis li est que bien vait l'uevre;
Tastant vait le plus cras mouton.
Mais adonc encor seoit on
En l'ostel, si qu'on tresoiï
L'ui del bercil, quant fil l'ovri.
Li prodon apela son fil:
"Va veoir", dist il, "el cortil,
Que il n'i ait rien se bien non:
Apele le chien de maison."
Estula avoit non li chiens;
Mais de tant lor avint li biens
Que la nuit n'ert mie en la cort.
L'uis devers la cort overt a,
Et crie: "Estula! Estula!"
Et cil del bercil respondi:
"Oïl, voirement sui je ci."
Il fesoit mout oscur et noir,
Si qu'il ne pot apercevoir
Celui qui si respondu a.
En son cuer bien por voir cuida
Que li chiens eüst respondu.
N'i a puis gueres atendu.
En la maison droit s'en revint,
Grant peor ot quant il i vint:
"Qu'as tu, beaus fiz?" ce dist li pere.
- "Sire, foi que je doi ma mere,

Estula parla or a moi.
- Qui? nostre chiens? - Voire, par foi;
Et se croire ne m'en volez,
Huchiez l'errant, parler l'orrez."
Li prodon maintenant s'en cort
Por la merveille, entre en la cort
Et hucha Estula, son chien.
Et cil qui ne s'en gardoit rien
Li dist: "Voirement sui je ça."
Li prodon grant merveille en a:
"Par toz sainz et par totes saintes!
Fiz. j'ai oï merveilles maintes:
Onques mais n'oï lor pareilles;
Va tost, si conte cez merveilles
Al prestre, si l'ameine o toi,
Et li di qu'il aport o soi
L'estole et l'eve beneoite."
Cil al plus tost qu'il puet s'esploite
Tant qu'il vint en l'ostel al prestre.
Ne demora gueres en l'estre
Vint al provoire isnelement:
"Sire," dist il. "venez vos ent
En maison oïr granz merveilles:
Prenez l'estole a vostre col."
Dist li prestres:"Tu iés tot fol,
Qui or me vueus la fors mener:
Nuz piez sui, n'i porroie aler."
Et cil li respont senz delai:
"Si ferez; jc vos porterai."
Li prestres a prise l'estole,
Si monte senz plus de parole
Al col celui, et il s'en va
La voie; si come il vint la,

Qu'il voloit aler plus briement,
Par le sentier tot droit descent,
La ou cil descendu estoient,
Qui lor viande porchaçoient.
Cil qui les chous aloit coillant
Le provoire vit blanchoiant
Cuida que ce fust ses compaing
Qui aportast aucun gaaing,
Si li demanda par grant joie:
"Aportes tu rien? - Par foi, oie,"
Fait cil qui cuida que ce fust
Ses pere qui parl, eüst.
"Or tost," dist il, "jete le jus;
Mes couteaus est bien esmoluz,
Je le fis ier moudre a la forge:
Ja avra coupee la gorge."
Et quant li prestres l'entendi,
Bien cuida qu'on l'eüst traï:
Del col celui est jus sailliz,
Si s'en fuit trestoz esmariz;
Mais ses sorpeliz ahocha
A un pel, si qu'il remest la,
Qu'il n'i osa pas tant ester
Qu'il le peüst del pel oster;
Et cil qui les chous ot coilliz
Ne fu mie meins esbaïz
Que cil qui por lui s'en fuioit:
Si ne savoit qu il avoit;
Et neporquant si vait al pel prendre,
Si sent qu c'est uns sorpeliz.
A tant ses freres est sailliz
Del bercil a tot un mouton;
Si apela son compaignon,

Qui son sac avoit plein de chous:
Bien ont andoi chargiez les cous.
Ne voudrent plus lonc contre faire,
Andoi se sont mis el repaire
Vers lor ostel qui lor fu près.
Lors a cil mostrá son conquest
Qu'ot gaaigniéé le sorpeliz;
Si ont assez gabè et ris,
Que li rires lor fu renduz,
Qui devant lor fu defenduz.
En petite d'ore Dieus labore:
Teus rit al main qui al soir plore,
Et teus est al soir coreciez
Qui al main est joianz et liez.

4.Teil Bibliographie

1. Auswahl von Untersuchungen zum VLT und Protoromanischen

AVALLE D'ARCO; S: Protostoria delle lingue romanze. (Dal. sec. VII ai Giuramenti di Srasburgo e con particolare riguardo al territorio gallo-romanzo), Torino, 1965.

BASTARDAS PARERA; J.Y.: Particularidades sintácticas del latín medieval. Barcelona, 1953.

CALBOLI, G.: Il latino merovingico, fra latino volgare e latino medioevale, lingue romanze. (Atti del Convegno della SIG, Perugia, 1982.), Pisa, 1982, S. 63- 81.

CALBOLI, G.: Latin vulgaire - latin tardif. (Actes du II. Colloque interantional sur le latin vulgaire et tardif.), (Niemeyer), Tübingen, 1990.

COOPER, F. T.: Word-formation in the Roman Sermo plebeius. New York, 1985.

COSERIU; E.: Das sogenannte 'Vulgärlatein' und die ersten Differenzierungen in der Romania. in: KONTZI: Zur Entstehung der romanischen Sprachen. Darmstadt (Wissenschaftliche Buchgesellschaft), 1978, S. 257- 291.

HOLTUS, G. / METZELTIN, M. / SCHMITT, C. (eds.): LRL II,1 Latein und Romanisch, Tübingen, 1996.

DARDEL DE R.: Le genre des substantifs de la III-ième déclinaison latine, Genève, 1965.

DARDEL DE R.: Les parfaits forts en roman commun, Genève, 1958.

DARDEL DE R.: Esquisse structurale des subordonnants conjonctionnels en roman commun, Genève, 1983.

DEVOTO, G.: Storia della lingua di Roma, Bologna, 1944 (2).

ERNOUT, A.: Aspects du vocabulaire latin. (Klincksieck), Paris, 1954.

FISCHER, I.: Latina dunăreană. Introducere în istoria limbii române. (Editura ştiinţifică şi enciclopedică), Bucarest, 1985.

FLOBERT, P.: Les verbes déponents latins des origines à Charlemagne, Paris (Les Belles Lettres), 1975.

GAENG, P. A.: A study of nominal inflection in Latin Inscriptions. A Morpho- Syntactic Analysis. (North Carolina University Press), Chapel Hill, 1977.

GAENG, P. A.: Collapse and reorganisation of the Latin nominal flection, as reflected in epigraphic sources. Potomac, 1984.

GRAUR, A.: Ab, ad, apud et cum en latin de Gaule. Paris, 1932.

HERMAN, J.: Latin vulgaire – Latin tardif. Actes du Ier Colloque international sur le tain vulgaire et tardif. (Niemeyer), Tübingen, 1987

HERMAN, J.: La situation linguistique en Italie au VIe siècle. in: Revue de linguistique romane. No. 52, 1988, S. 55- 67.

HERMAN, J.: Du latin aux langues romanes, Tübingen (Niemeyer), 1990.

HOFMANN, J.B.: Lateinische Umgangssprache, Heidelberg (Winter), 1951 (3).

IKTONEN, E.: The Significance of Merovingian Latin to Linguistic Theory. in: Four Linguistic Studies in Classical Languages. Department of General Linguistics, University of Helsinki, No. 5, S. 9- 64.

ILIESCU, M.: Traveaux récents de latin vulgaire. in: Revue roumaine de linguistique. 1964, No. 9; 5, S. 437- 444.

ILIESCU, M./ MACARIE, L.: Schiță de evoluție a declinării din latina tîrzie. in: Studii și cercetări lingvistice. 1964, No. 16; 4, S. 469- 498.

ILIESCU, M./ MACARIE, L.: Aspects de l'évolution syntaxique du génitif et du datif en latin tardif. in: Revue roumaine de linguistique. 1964, No. 9; 4, S. 437- 444.

ILIESCU, M.: Gibt es einen «Casus generalis»? in: Revue roumaine de linguistique. 1971, No. 16; 4, S. 327- 331.

ISTORIA LIMBII ROMANE, vol. I: Latina (ed. GRAUR, AL.), 1965; vol II.: Latina dunăreană si romăna comună. (ed. COTEANU, I.) (E. A.), București, 1969.

KISS, S.: Les transformations de la structure syllabique en latin tardif. in: Studia Romanica Universitatis Debrecenensis. Debrecen, 1972.

KISS, S.: Tendances évolutives de la syntaxe verbale en latin tardif. Debrecen, 1982.

KONTZI, R.: Zur Entstehung der romanischen Sprachen. Darmstadt, 1978.

KURZOVA-JEDLICKOVA, H.: Die Demonstrativa im Vulgärlatein (4.- 6. Jh.). in: Acta Antiqua Academiae Scient. Hungaricae 11, S. 121- 143.

LÖFSTEDT, B.: Studien über die Sprache der langobardischen Gesetze: Beiträge zur frühmittelalterlichen Latinität. (Almquist & Wiksell), Stockholm-Göteborg, 1961.

LÖFSTEDT, E.: Philologischer Kommentar zur Peregrinatio Aetheriae. (Haupt), Leipzig, 1911. (reprint: Wiesbaden, 1969).

LÖFSTEDT, E.: Syntactica. Studien und Beiträge zur historischen Syntax des Lateinischen, Lund, 1956 (2).

LÖFSTEDT, E..: Late Latin. (Ascheoug & Co.), Oslo, 1959.

MIHĂESCU, H.: La langue latine dans le Sud- Est de l'Europe. (E. A.), Bucarest, 1978.

OLMETCHENKO, S.T.: A quantitative and comparative study of the vocalism of the Latin inscription of North Africa, Britain, Dalmatia and the Balkans. (North Carolina University Press), Chapel Hill, 1977.

PINKSTER, H.: Latin Linguistics and Linguistic Theory. (Benjamin), Amsterdam - Philadelphia, 1983.

PLANK, F.: The functional basis of case and declension classes from Latin to Old- French. in: Linguistics. No. 17, 1979, S. 611- 640.

POLITZER, R. L./ POLITZER, F. N.: Romance trends in 7th and 8th century Latin documents. Chapel Hill, 1953.

POPE, M. K.: From Latin to Modern French. (University Press), Manchester, 1934.

PULGRAM, E.: Spoken and written Latin. in: Language. No. 26, 1950, S. 458- 466.

ROHLFS, G.: Romanische Sprachgeographie. (Beck), München, 1971.

SAS, L. F.: The Noun Declension System in Merovingian Latin. (André), Paris, 1937.

SCHUCHARDT, H.: Der Vokalismus des Vulgärlatein. vol. I- III., Leipzig (Teubner), 1886-1888.

SOFER, J.: Zur Problematik des Vulgärlateins. (Gerold), Wien, 1963.

STEFENELLI, A.: Das Schicksal des lateinischen Wortschatzes in den romanischen Sprachen, Passau 1992.

STRAKA, G.: Observations sur la chronologie et les dates de quelques modifications phonétiques en roman et en francais prélittéraire. in: Revue des langues romanes. No. 71, 1953, S. 247- 307.

SVENNING, J.: Untersuchungen zu Palladius und zur lateinischen Fach- und Volkssprache. (Almquist & Wiksell), Uppsala, 1935.

TEKAVCIC, P.: L'épigraphie latine et le problème de la différenciation du latin. (Slovenska Akademia Znanosti i Umetnosti), Ljubljana, 1979.

TOVAR, A.: La sonorisation et la chute des intervocaliques, phénomène latin occidental. in: Revue des études latines. No. 29, 1951, S. 102- 120.

TRAGER, G.: The use of the Latin Demonstratives up to 600 A. C. as the Source of Romance Article. (Institute of French Studies), New York, 1932.

VÄÄNÄNEN, V.: Le latin vulgaire des inscriptions pompéiennes. (Abhandlungen der deutschen Akademie der Wissenschaften), Berlin 1959 (2)

VÄÄNÄNEN, V.: Etude sur le texte et la langue des Tablettes Albertini. (Annales Academiae Scientiarum Fennicae), Helsinki, 1965.

VÄÄNÄNEN, V.: Le problème de la diversification du latin. in: ANRW. 1983, S. 480- 506.

VINEIS, E.: Latino volgare, latino medioevale, lingue romanze. (Girardini), Pisa, S. 1984.

WANNER, D.: The problem of Romance clitic pronouns. From Latin to Old Romance, Berlin (Mouton – De Gruyter), 1987.

WARTBURG, W. von: Die Ausgliederung der romanischen Sprachräume, Bern, 1950.

WRIGHT, R.: Late Latin and Early Romance in Spain and Carolingian France, Liverpool 1982.

WRIGHT, R.: The study of the Semantic Change in Early Romance (Late Latin). in: Papers of the 7th Conference on historical Linguistics, Amsterdam, 1987, S. 619- 628.

2. Einführungen und Grammatiken

BASSOLS DE CLIMENT, M.: Sintaxis latina. Bd. II, Madrid, 1967.

BATTISTI, C.: Avviamento allo studio del latino volgare, Bari, 1949.

BLAISE, A.: Manuel du latin chrétien. Strasbourg, 1955.

BOUET, P./ CONSO, D./ KERLOUEGAN, F.: Initiation au système de la langue latine. Du latin classique aux langues romanes, Paris (Nathan), 1975.

BOURCIEZ, E.: Eléments de linguistique romane. (Klincksieck), Paris, 1967.

CREMASCHI, G.: Guida allo studio del latino medievale, Padova, 1959 (2).

ELKOCK, W. D.: The Romance Languages. London, 1960.

ERNOUT, A.: Morphologie historique du latin, Paris (Klincksieck), 1953 (3).

ERNOUT, A./ THOMAS, F.: Syntaxe latine, Paris (Klincksieck), 1959 (2).

GRANDGENT, CH.: An introduction to Vulgar Latin, New York, 1962 (reprint).

HAADSMA, R. A./ NUCHELMANS, R.: Précis de latin vulgaire. (Wolters), Groningen, 1963.

HERMAN, J.: Le latin vulgaire, "Que sais je", (PUF), Paris, 1970 (2).

KIECKERS; E.: Historische lateinische Grammatik unter Berücksichtigung des Vulgärlateins in den romanischen Sprachen. (Hueber), München, 1931/32.

LAUSBERG, H.: Romanische Sprachwissenschaft, vol, I- IV., Berlin (De Gruyter, „Göschen"), 1959- 62.

LEUMANN, M./ HOFMANN, J. B./ SZANTYR, A.: Lateinische Grammatik, vol. I- II, München, 1963- 65.

MAURER, T. H./ MAURER, J. R.: Gramática do Latim Vulgar. Rio de Janeiro, 1959.

NIEDERMANN, M.: Précis de phonétique historique du latin, Paris, 1953 (3).

NORBERG, D.: Manuel pratique de latin médiéval. (Picard), Paris, 1968.

PALMER, L. R.: The Latin Language. (Faber and Faber), London, 1954.

PINKSTER, H.: Lateinische Syntax und Semantik. (Francke), Tübingen, 1988.

RENZI, L. (con la collaborazione di G. Salvi): Nuova introduzione alla filologia romanza. (Il Mulino), Bologna, 1987 (2).

REICHENKRON, G.: Das sogenannte Vulgärlatein und das Wesen der Romanisierung. in: Historische Latein- Altromanische Grammatik, 1. Teil, Wiesbaden, 1965.

SOMMER, F.: Handbuch der lateinischen Laut- und Formenlehre, Heidelberg, 1914 (2).

TAGLIAVINI, C.: Le origini delle lingue neolatine, Bologna, 1972 (7).

VÄÄNÄNEN, V.: Introduction au latin vulgaire. (suivie de: Anthologie de textes latins teintés de vulgarismes), Paris v, 1981 (3).

VOSSLER, K. (SCMECK, H.: Hrsg.): Einführung ins Vulgärlatein. (Hueber), München, 1954.

3. Wörterbücher

BLAISE, A./ CHIRAT, H.: Dictionnaire latin-francais des auteurs chrétiens. Strasbourg, 1954.

DIEFENBACH, Lorenz : Glossarium Latino-germanicum, Darmstadt, 1997 (Reprographie von 1857).

DU CANGE; CHARLES DU FRESNE: Glossarium Mediae et Infimae Latinitatis, Bd. I- XI. (Akademische Druck- und Verlagsanstalt), Graz, 1954.

ERNOUT, A./ MEILLET, A.: Dictionnaire étymologique de la langue latine. Histoire des mots, Paris, 1967 (4).

FORCELLINI, A. E.: Lexicon totius latinitatis, Bd.. I- V. Padoue, 1940.

GEORGES, K. E.: Ausführliches Lateinisch- Deutsches Handwörterbuch, Bd. I- II. (Hahn), Hannover- Leipzig, 1913- 1918.

HABEL, E./ GROEBEL; F.: Mittellateinisches Glossar, Paderborn-München-Wien- Zürich (Schöningh), 1989 (2).

KLUGE, F.: Etymologisches Wörterbuch der deutschen Sprache. Berlin, 1967 (20).

LEXIKON DES MITTELALTERS, Bd. I- IV. (Artemis), München-Zürich, 1980-1989.

MEYER- LÜBKE, W.: Romanisches und etymologisches Wörterbuch, Heidelberg, 1953 (3).

DER KLEINE PAULY: Lexikon der Antike. Bd. I- V., München, 1964-1975.

SOUTER, A.: A Glossary of Vulgar Latin to 600 A. D., Oxford, 1949.

WAGNER, M.-L.: Dizionario etimologico sardo. Bd. I- II. (Winter), Heidelberg, 1960.

WALDE, A./ HOFMANN, J. B.: Lateinisches etymologisches Wörterbuch. Bd. I- III., Heidelberg (Winter), 1938-1956 (3).

WARTBURG, W. VON: Französisches Etymologisches Wörterbuch, Bonn, 1928 ss.

4. Anthologien

DÌAZ Y DÌAZ, M. C.: Antología de latín vulgar, Madrid, 1962 (2).

ERNOUT, A.: Recueil de textes latins archaïques, Paris, 1938 (2).

FONTAN, A./ MOURE CASAS, A.: Antología del Latín Medieval, Madrid, 1987.

ILIESCU, MARIA/ SLUSANSKI, DAN (Hg.): Du latin aux langues romanes. Choix de textes traduits et commentés (du IIe siècle avant J.C. jusqu'au Xe siècle après J.C., Wilhelmsfeld : Egert, 1991.

MULLER, H. F./ TAYLOR, P.: A Chrestomathy of Vulgar Latin. Boston, 1932.

ROHLFS, G.: Sermo vulgaris latinus. Vulgärlateinisches Lesebuch. (Niemeyer), Tübingen, 1969 (3).

SLOTTY, F.: Vulgärlateinisches Lesebuch. (De Gruyter), Berlin, 1960 (2).

PISANI, V.: Testi latini arcaici e volgari con commento glottologico. (Rosenberg & Sellier), Torino, 1960.

PULGRAM, E.: Italic, Latin, Italian, 600 B.C.- 1260. Texts and commentaries. (Winter), Heidelberg, 1978.

5. Weitere benutzte Literatur

BAKER, PH.: Kreol. A description of Mauritian Creole, London 1972.

BERSCHIN, H. / FELIXBERGER, J. / GOEBL, H.: Französische Sprachgeschichte, München (Hueber) 1982 (3).

CALVET, L.J.: linguistique et colonialisme. petit traité de glottophagie, Paris 1974.

COHEN, M.: Grandes langues et petites langues, in : Une fois de plus des regards sur la langue française, Paris (Ed.Sociales) 1972, S. 26-49.

EQUIPE IFA: Inventare des particularités lexicales du Français en Afrique noire, Paris (AUPELF) 1983.

GIUDICETTI, G.P. / MAEDER, C.C.M. / KLEIN, H. G. / STEGMANN, T. D.: EuroCom*Rom* – I sette setacci: Impara a leggere le lingue romanze!, Aachen (Shaker: Editiones EuroCom vol. 4), 2002.

HALL, R.A. jr.: External History of the Romance Languages, New York 1974.

KLEIN, H.G., Das Verhalten der telischen Verben in den romanischen Sprachen erörtert an der Interferenz von Aspekt und Aktionsarten, Frankfurt am Main, 1969.

KLEIN, H. G., Tempus, Aspekt, Aktionsart, Tübingen (Niemeyer), 1974.

KLEIN, H.G. / CEAUŞESCU, P.: Einführung in die rumänische Sprache, Tübingen (Niemeyer) 1979².

KLEIN, H.G. : EuroCom*Rom* - Limbile romanice studiate în mod simultan. Dezvoltarea unei competenţe receptive în limba română. In: Fundaţia Culturală Română (ed.) Actele Reuniunii Internaţionale "Cultura română în universităţile lumii", Bucureşti-Sibiu 1996.

KLEIN, H.G. / RUTKE, D.: EuroCom*Rom*: pour un plurilinguisme européen, in : sociolinguistica 11, 1997, S. 178-183.

KLEIN, H.G.: Das Neldophon: Ist Eurocomprehension machbar? In: Moelleken, Wolfgang W. / Weber, Peter J. (eds.): Neuere Forschungsarbeiten zur Kontaktlinguistik (Plurilingua XIX). Bonn: Dümmler, 1997, S. 270-278.

KLEIN, H.G.: Von der Interkomprehension zur Eurocomprehension am Beispiel der Romanischen Sprachen. In: Kischel, G./ Gothsch, E. (eds.): Wege zur Mehrsprachigkeit im Fernstudium. Hagen, 1998, 53-66.

KLEIN, H.G.: Interkomprehension in romanischen Sprachen, in: *Grenzgänge. Beiträge zu einer modernen Romanistik.* Heft 12 (1999) Europäische Mehrsprachigkeit. Leipzig: Universitätsverlag, S. 17 - 29.

KLEIN, H. G. / STEGMANN, T. D.: EuroCom*Rom* – Die sieben Siebe: Romanische Sprachen sofort lesen können, Aachen (Shaker: Editiones EuroCom vol. 1), 2000.

KLEIN, H.G. / MEISSNER, F-J. / ZYBATOW: The EuroCom Strategy – the Way to European Multilingualism. In: Zybatow, Lew (Hg.): Sprachkompetenz – Mehrsprachigkeit – Translation. Akten des 35. Linguistischen Kolloquiums, Innsbruck, 20.-22. September 2000 (im Druck 2002).

KLEIN, H.G.: Das Französische – Die optimale Brücke zum Leseverstehen romanischer Sprachen, in: fh 33, 2002.

KLEIN, H. G.: EuroCom – Europäische Interkomprehension. In: Rutke, Dorothea (2002), S. 29-44.

KLEIN, H.G.: Entwicklungsstand der Eurocomprehensionsforschung. In: Kischel, Gerhard (Hg.), EuroCom: Mehrsprachiges Europa durch Interkomprehension in Sprachfamilien. Tagungsband des Internationalen Fachkongresses im Europäischen Jahr der Sprachen 2001, Hagen 9.-10. November 2001, Aachen (Shaker: Editiones EuroCom vol. 8), 2002.

KLEIN, H.G.: EuroCom-Website: www.eurocomresearch.net mit monatlichem Update.

KNOCHE, U. : Die römische Satire, Göttingen 1957.

MEISEL, J.M. (Hg.), Langues en contact – Pidgins – Créoles – Languages in Contact, Tübingen (Narr) 1977.

MEISSNER, F.-J. : EuroComDidact. In:Rutke, D. (2002), S. 45-64.

PEREGO, P. Les créoles, in : Martinet, A. (ed.), Le langage, Paris 1968, S. 608-619.

REINHEIMER, S. / KLEIN, H. G. / STEGMANN, T. D.: EuroCom*Rom* – Şapte site: Sǎ citim şi sǎ înţelegem limbile romanice, Bukarest (Editiones EuroCom vol. 7), 2001.

RUTKE, D. (Hg.): Europäische Mehrsprachigkeit: Analysen – Konzepte – Dokumente, Aachen (Shaker: Editiones EuroCom vol. 3), 2002.

SAUVAGEOT, A.: Compte-rendu de R.A. Hall: Pidgin and Creole Languages, In: Bulletin de la Société de Linguistique de Paris 62 (1967), 75-78.

SCHLIEBEN-LANGE, B., L´origine des langues romanes – un cas de créolisation ? in: Meisel, J.M. (Hg.), Langues en contact – Pidgins – Créoles – Languages in Contact, Tübingen (Narr) 1977, S. 81-101.

STEIN, P: Kreolisch und Französisch, Tübingen (Niemeyer) 1984.

STOYE, S.: Eurocomprehension: Der romanistische Beitrag für eine europäische Mehrsprachigkeit, (Shaker: Editiones EuroCom vol. 2), 2000.

VIDOS. B. E.: Handbuch der romanischen Sprachwissenschaft, Müchen (Hueber), 1968.